studio d A1

Deutsch als Fremdsprache

Vocabulary **Vokabeltaschenbuch**

Vocabulary Pocketbook

Here the vocabulary items are listed in the left-hand column in the order of their first appearance. In the middle column you will find the English translation. In the right-hand column, the new item is used in an appropriate context.

The chronological item list contains the vocabulary from Start to Einheit (Unit) 12, including Stationen (Stations) 1–3. Items that you don't necessarily have to learn are printed in *italics*. Numbers and grammatical terms, as well as names of people, cities and countries, are not included in the list.

Symbols, Abbreviations and Conventions

A • or a – under the word indicates the word stress:

a = short vowel

a = long vowel

After nouns articles and plural forms are always given.

- is used to show the plural form of nouns, e.g.:
  Abend, der, -e [plural: die Abende]
  Nomen, das, - [plural: die Nomen]
" means: takes an umlaut in the plural
* means: this word only exists in the singular
, means: there is also no article
Pl. means: this word exists only in the plural
etw. etwas (something)
jdn jemanden (somebody, accusative)
jdm jemandem (somebody, dative)
Akk. Akkusativ (accusative)
Dat. Dativ (dative)

Irregular verbs are always given with their 2nd participle form.
For adjectives only irregular comparative forms are indicated.

The numbers in brackets indicate different meanings a word has when it comes up.

1 Deutsch sehen und hören

Start, der, -s	start	Start auf Deutsch
auf	on, *here:* in	Start auf Deutsch
Deutsch, das, *	German	Start auf Deutsch
hier	here	Hier lernen Sie Deutsch.
lernen	learn	Hier lernen Sie Deutsch.
Sie	you *(formal address)*	Hier lernen Sie Deutsch.
international	international	Das Wort „Computer" ist international.
Wort, das, "-er	word	Das Wort „Computer" ist international.
verstehen, verstanden	(to) understand	internationale Wörter auf Deutsch verstehen
begrüßen (jdn)	(to) greet (sb.)	Die Lehrerin begrüßt die Studenten.
vorstellen (sich)	(to) introduce (oneself)	Stellen Sie sich vor!

und	and	sich und andere vorstellen
anderer, anderes, andere	other(s)	sich und andere vorstellen
fragen nach *(+ Dat.)*	(to) ask about	nach Namen und Herkunft fragen
Name, der, -n	name	nach Namen und Herkunft fragen
Herkunft, die, *	origins, *here:* where one comes from	nach Namen und Herkunft fragen
Alphabet, das, -e	alphabet	Das Alphabet: A, B, C …
buchstabieren	(to) spell	Buchstabieren Sie das Wort.
Wortakzent, der, -e	stressed syllable in a word	Markieren Sie den Wortakzent.
sehen, gesehen	(to) see, *here:* (to) look at	Sehen Sie die Bilder.
hören	(to) hear, *here:* (to) listen to	Hören Sie die CD.
Bild, das, -er	picture	Sehen Sie das Bild?
was	what	Was gehört zusammen?
zusammengehören	(to) belong together	Was gehört zusammen?
Musik, die, -en	music	

1 1

Tourist, der, -en	tourist
Büro, das, -s	office
Supermarkt, der, "-e	supermarket
Telefon, das, -e	telephone
Kurs, der, -e	course, class
Kaffee, der, -s	coffee
Computer, der, -	computer
Cafeteria, die, -s (auch Cafeterien)	cafeteria
Oper, die, -n	opera
Espresso, der, -s (auch Espressi)	espresso
Airbus, der, -se	airbus
Euro, der, -[s]	euro *(currency)*
Orchester, das, -	orchestra
Schule, die, -n	school

1 2	**wie**	how	Wie heißen die Wörter in Ihrer Sprache?
	heißen, geheißen	(to) call, (to) be named	Wie heißen die Wörter in Ihrer Sprache?
	der, das, die	the	Wie heißen die Wörter in Ihrer Sprache?
	in	in	Wie heißen die Wörter in Ihrer Sprache?
	Ihr, Ihr, Ihre	your *(formal address)*	Wie heißen die Wörter in Ihrer Sprache?
	Sprache, die, -n	language	Wie heißen die Wörter in Ihrer Sprache?
1 3	*Ton, der, "-e*	sound	Bilder und Töne. Hören Sie.
	wo	where	Wo ist das?
	ist (sein)	is (to be)	Wo ist das?
	kennen	(to) know	Was kennen Sie?
1 4	*Sprecher, der, -*	speaker, person speaking	Sprecher 3 ist aus Deutschland.
	kommen, gekommen	(to) come	Wer kommt aus Deutschland?
	aus	out, out of, *here:* from	Wer kommt aus Deutschland?

2 Im Kurs

im	in the	im Kurs
2 **1** **Dialog,** der, -e	dialogue	Hören Sie den Dialog.
Guten Tag!	Hello! Good day!	Guten Tag, ich heiße Andrick.
ich	I	Guten Tag, ich heiße Andrick.
bin (sein)	am (to be)	Ich bin aus Kasachstan.
Frau, die, -en	woman, *here:* Mrs.	Ich bin die Lehrerin, Frau Schiller.
Deutschlehrer/in, der/die, -/-nen	German teacher	Ich bin Ihre Deutschlehrerin.
Lehrer/in, der/die, -/-nen	teacher	Ich bin Ihre Lehrerin.
Hallo!	Hello!, Hi!	Hallo, mein Name ist Sandra!
mein, mein, meine	my	Hallo, mein Name ist Sandra!
woher	from where	Herr Tang, woher kommen Sie?
wer	who	Und wer ist das?
Herr, der, -en	Mr.	Herr Tang und Frau Sánchez sind im Deutschkurs.
er	he	Er kommt aus China.

2 2	**Frage,** die, -n	question	„Wo ist das?" ist eine Frage.
	Antwort, die, -en	answer, reply	„Das ist in Paris." ist eine Antwort.
	nachsprechen, nachgesprochen	repeat (what you hear)	Sprechen Sie die Sätze nach!
2 4 a	*Partnerinterview, das, -s*	interviewing a partner	Partnerinterview: Fragen und notieren Sie.
	Partner/in, der/die, -/-nen	partner	Partnerinterview: Fragen und notieren Sie.
	fragen	(to) ask a question	Partnerinterview: Fragen und notieren Sie.
	notieren	(to) take notes, (to) note down	Notieren Sie die Antworten.
2 4 b	**berichten**	(to) report, (to) make a report	Berichten Sie im Kurs.
2 5	**lesen,** gelesen	(to) read	Hören und lesen Sie.
	wohnen	(to) live	Ich wohne in Berlin.
	jetzt	now	Wo wohnen Sie jetzt?
	auch	also, *here:* (me) too	+ Ich wohne in Frankfurt. – Ich auch.
2 6	**zuordnen**	(to) match	Ordnen Sie eine Person zu.
2 7	*Personalangabe, die, -n*	information about a person	

ein, ein, eine	a	Ordnen Sie eine Person zu.
Person, die, -en	person	Lena und Cem sind Personen im Kurs.
Aufgabe, die, -en	task, assignment	Aufgabe 1 ist auf Seite 10.
ergänzen	(to) complete, (to) fill in	Ergänzen Sie.
2 9 *Redemittelkasten, der, "*	expression box	Ergänzen Sie den Redemittelkasten mit den Wörtern.
Redemittel, das, -	expression	Lernen Sie die Redemittel.
mit	with	Ergänzen Sie den Redemittelkasten mit den Wörtern.
Begrüßung, die, -en	greeting	„Hallo" ist eine Begrüßung.
Vorstellung, die, -en	introduction	„Ich heiße ..." = Vorstellung

3 Das Alphabet

3 1 *Rap, der, -s*	rap	
mitmachen	(to) take part, (to) participate	Ich mache mit. Machen auch Sie mit?
3 2 **Gruppe,** die, -n	group	Arbeiten Sie in Gruppen.

3 **3** *Städtediktat, das, -e*	dictation of names of cities	
Stadt, die, "-e	city	Wo liegt (ist) die Stadt Hamburg?
Städtename, der, -n	name of a city	„Köln" ist ein Städtename.
3 **4** **Abkürzung,** die, -en	abbreviation	„VW" ist eine Abkürzung.
Transport, der, -e	transport(ation)	
Auto, das, -s	car, automobile	Ein BMW ist ein Auto.
TV, das, -s	TV = television	TV = Fernsehen
3 **6** **Spiel,** das, -e	game	Das ist ein Spiel im Kurs.
3 **7** **Familienname,** der, -n	family name	+ Dein Familienname? – Müller.
bei	by, near, close to, at, *here:* for	Ich arbeite bei Siemens.
welcher, welches, welche	which	Welche Silbe ist betont?
Silbe, die, -n	syllable	Welche Silbe ist betont?
3 **8** **betonen**	(to) stress	Welche Silbe ist betont?
ordnen	(to) put in order	Ordnen Sie die Namen.

Vorname, der, -n	first name	Viele Männer heißen mit Vornamen Michael oder Klaus.
Junge, der, -n	boy	Lukas ist ein Junge und Marie ist ein Mädchen.
Mädchen, das, -	girl	Lukas ist ein Junge und Marie ist ein Mädchen.
3 **9** noch einmal	again, once again	Hören Sie den Dialog noch einmal.
3 **11** *Favorit,* der, *-en*	favourite	Xavier ist mein Favorit!

4 Internationale Wörter

4 **1** schnell	fast, quick(ly)	Lesen Sie schnell!
Text, der, -e	text	Lesen Sie den Text schnell!
passen (zu)	(to) fit, (to) match	Welche Bilder passen zu den Texten?
studieren	(to) study	Claudia studiert Englisch und Deutsch.
Hobby, das, -s	hobby	Ihr Hobby ist Skifahren.
Universität, die, -en	university	Die Universität in Jena hat 18 000 Studenten.
Familie, die, -n	family	Seine Familie wohnt in Frankfurt.

Spanisch, das, *	Spanish	Ich spreche Englisch, Spanisch und Deutsch.
Job, der, -s	job	Er mag seinen Job.
suchen	(to) search, (to) look for	Suchen Sie die internationalen Wörter!
Jahr, das, -e	year	Andrick ist 26 Jahre alt.
alt, älter, am ältesten	old, older, oldest	Andrick ist 26 Jahre alt.
sein, sein, seine	his	Sein Job ist gut. Er mag ihn.
Minute, die, -n	minute	In 30 Minuten ist er am Airport.
am	at the	In 30 Minuten ist er am Airport.
Pilot/in, der/die, -en/-nen	pilot	Er ist Pilot bei der Lufthansa.
mögen, gemocht	(to) like	Er mag seinen Job.
fliegen, geflogen	(to) fly	Er fliegt nach Frankfurt.
heute	today	Heute fliegt er nach Madrid.
von ... nach	from ... to	Ich fliege von Frankfurt nach Madrid.
nach	to	Ich fliege von Frankfurt nach Madrid.

dann	then	Und dann nach Budapest.
zurück	back	Ich fliege von Frankfurt nach Budapest und zurück.
sprechen, gesprochen	(to) speak	Ich spreche Englisch, Spanisch und Deutsch.
Englisch, das, *	English	Ich spreche Englisch, Spanisch und Deutsch.
Student/in, der/die, -en/ -nen	student	Er ist Student an der Humboldt-Universität.
Kommunikation, die, *	communication(s)	
interkulturell	inter-cultural, multi-cultural	Berlin ist eine interkulturelle Stadt.
Semester, das, -	semester	Er ist im 8. Semester.
Freund/in, der/die, -e/-nen	friend, girlfriend, boyfriend	Magda ist seine Freundin.
Polnisch, das, *	Polish	Er spricht Polnisch und Russisch.
Russisch, das, *	Russian	
ein bisschen	a bit	Er spricht ein bisschen Russisch.
seit	since, *here:* for	Sie studieren seit zwei Jahren.

vorher	before that	Vorher war sie in Singapur. Dann in Deutschland.
war (sein)	was (to be)	Vorher war sie in Singapur.
für	for	Sie war für Siemens in Singapur.
Elektronikingenieur/in, der/ die, -e/-nen	electronics engineer	Sie ist Elektroingenieurin bei Siemens.
Spezialität, die, -en	specialty	Ihre Spezialität: Medizintechnologie.
Medizintechnologie, die, -n	medical technology	Ihre Spezialität: Medizintechnologie.
Französisch, das, *	French	Ich verstehe Französisch.
Chinesisch, das, *	Chinese	Sprechen Sie Chinesisch?
Skifahren, das, *	skiing	Ihr Hobby ist Skifahren.
leben	(to) live	Wir leben und arbeiten in Frankfurt.
Musiker/in, der/die, -/-nen	musician	Sie ist Musikerin an der Oper in Wien.
spielen (1)	(to) play (an instrument)	Mein Freund kann Violine spielen.
Violine, die, -n	violin	Mein Freund kann Violine spielen.

gehören (zu)	(to) belong (to)	Sie gehört zum Ensemble der Wiener Staatsoper.
Ensemble, das, -s	ensemble	Sie gehört zum Ensemble der Wiener Staatsoper.
finden, gefunden (1) (etwas gut finden)	(to) find (sth. good)	Sie findet Wien fantastisch!
fantastisch	fantastic	Sie findet Wien fantastisch!
Mensch, der, -en	person, people	Die Menschen in Wien sind fantastisch.
Restaurant, das, -s	restaurant	Ich arbeite im Restaurant.
Atmosphäre, die, -n	atmosphere	Ich mag die Atmosphäre im Sommer.
Sommer, der, -	summer	Ich mag die Atmosphäre im Sommer.
Café, das, -s	café	Herr und Frau Schmidt sind im Café.
haben, hatte	(to) have	+ Hast du heute ein Konzert? − Ja, ich spiele Violine.
Konzert, das, -e	concert	+ Hast du heute ein Konzert? − Ja, ich spiele Violine.
4 **2** <u>*auswählen*</u>	(to) choose, (to) pick	Wählen Sie ein Bild aus.
4 **3** <u>**sortieren**</u>	(to) sort	Sortieren Sie die Wörter.
Technik, die, -en	technique, technology	

*Geografie, die, *	geography		
Tourismus, der, *	tourism		
4️⃣ **Zeitung,** die, -en	newspaper	Ich lese die Zeitung.	
Collage, die, -n	collage	Wir machen eine Collage im Kurs.	
machen	(to) make, (to) do	Wir machen eine Collage im Kurs.	
4️⃣ *global*	global	Frankfurt am Main – ein globaler Marktplatz.	
Marktplatz, der, "-e	marketplace	Frankfurt am Main – ein globaler Marktplatz.	
Einwohner/in, der/die, -/-nen	resident, inhabitant	Die Stadt hat 1,6 Millionen Einwohner.	
*Flair, das, *	flair	Frankfurt – eine Stadt mit internationalem Flair.	
Minimetropole, die, -n	small metropolitan city		
Prozent, das, -e	percent	26 % (Prozent) der Einwohner kommen aus dem Ausland.	
<u>**Ausland,**</u> das, *	foreign countries, *here:* abroad	Rita war ein Jahr im Ausland.	
Skyline, die, -s	skyline	Die Skyline von Frankfurt ist fantastisch.	

Symbol, *das, -e*	symbol	Sie ist ein Symbol für die Dynamik und Internationalität der Stadt.
Dynamik, *die, **	dynamic(s)	Sie ist ein Symbol für die Dynamik und Internationalität der Stadt.
Internationalität, *die, **	internationality	Sie ist ein Symbol für die Dynamik und Internationalität der Stadt.
Bank, *die, -en*	bank	Die europäische Zentralbank ist in Frankfurt.
Basis, *die, Pl.: Basen*	base, ground	
Heimat, die, *	native land	+ Wo ist Ihre Heimat? – In Deutschland.
Ufer, das, -	bank (of a river, canal, etc.)	
Skaterparadies, *das, -e*	skater paradise	
dort	there	Dort gibt es auch ein Museum.
es	it	Dort gibt es auch ein Museum.
geben (es gibt ...), gegeben	(to) give (there is/are)	Dort gibt es auch ein Museum.
Museum, das, *Pl.:* Museen	museum	Dort gibt es auch ein Museum.

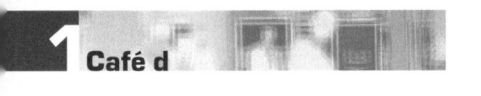

Café d

kennen lernen (jdn)	(to) meet (sb. for the first time)	jemanden im Café kennen lernen
Gespräch, das, -e	conversation	Hören Sie das Gespräch.
beginnen, begonnen	(to) begin, (to) start	Der Kurs beginnt jetzt.
Zahl, die, -en	number	Hier lernen Sie die Zahlen 1–1000.
etwas	something	etwas im Café bestellen
bestellen	(to) order	etwas im Café bestellen
bezahlen	(to) pay	im Café bestellen und bezahlen
Telefonnummer, die, -n	telephone number	+ Wie ist Ihre Telefonnummer? – 3312426.

1 Treffen im Café

Treffen, das, -	meeting, get-together	ein Treffen im Café
1 1 a sprechen (über etw.), gesprochen	(to) speak, (to) talk (about something)	Worüber sprechen die Leute?

Leute, *Pl.*	people	Die Leute im Kurs kommen aus Polen.
sammeln	(to) collect, (to) gather	Sammeln Sie Wörter.
1 1 b mitlesen, mitgelesen	(to) read along	Hören Sie und lesen Sie mit.
1 1 c Foto, das, -s	photograph	Ordnen Sie die Gespräche den Fotos zu.
1 1 d üben	(to) practice, (to) drill	Üben Sie Fragen und Antworten!
Entschuldigung!	Excuse me!	Entschuldigung, ist hier noch frei?
noch	still	Entschuldigung, ist hier noch frei?
frei	free	Entschuldigung, ist hier noch frei?
ja	yes	Ja, klar!
klar	of course	Ja, klar!
bitte	please	Ergänzen Sie bitte.
sein, gewesen, war	(to) be	Sind Sie auch im Deutschkurs?
Deutschkurs, der, -e	German course	Sind Sie auch im Deutschkurs?
trinken, getrunken	(to) drink	Was trinken Sie?

Orangensaft, der, "-e	orange juice	Zwei Orangensaft, bitte.
Orange, die, -n	orange	Zwei Orangensaft, bitte.
Grüß dich!	Hello!	+ Grüß dich! – Hallo!
Das ist/sind ...	This/that is …, These/those are …	Das sind Belal und Alida …
Hi!	Hi!	Hi! Woher kommst du?
du	you *(one person, informal)*	Und du?
Tag! (*Kurzform von* Guten Tag!)	Hi! *(short form of* Guten Tag!)	Zur Begrüßung können Sie auch „Tag" sagen.
Eistee, der, -s	iced tea	Wir möchten zwei Eistee, bitte.
also	well then	Also, drei Eistee.
oder	or	Kaffee oder Tee?
Tee, der, -s	tea	Tee, bitte!
nehmen, genommen	(to) take, (to) have	Wir nehmen zwei Orangensaft, bitte.

2 *Wer? Woher?* **Dialoge trainieren**

	trainieren	(to) train	Wir trainieren Dialoge.
2 1	**Kasten,** der, "	box	Ergänzen Sie den Kasten.
	Getränk, das, -e	beverage, drink	Eistee ist ein Getränk. Orangensaft auch.
2 2	**helfen,** geholfen	(to) help	Der Kasten aus Aufgabe 1 hilft.
2 6	**Verbendung,** die, -en	verb ending	
	Tabelle, die, -n	table *(with columns and rows)*	Ergänzen Sie die Tabelle.
2 7	**markieren**	(to) mark	Markieren Sie den Akzent.
	Akzent, der, -e	accent, stress	Markieren Sie den Akzent.
2 8	**arbeiten**	(to) work	Frau Schiller arbeitet an der Sprach-schule.
	Sprachschule, die, -n	language school	In der Sprachschule lernen wir Deutsch.
2 9	**Antwort,** die, -en	answer	Fragen und Antworten
	stellen, *hier:* Fragen stellen	(to) put, *here:* (to) ask a question	Stellen Sie Fragen.

3 Zahlen und zählen

	zählen	(to) count	Zählen Sie von eins bis zehn.
3**4**	**bis**	up to, until, by, *here:* to	Zählen Sie von eins bis zehn.
	kontrollieren	(to) check	Kontrollieren Sie die Antworten mit der CD.
3**5**	*Zahlenlotto, das, -s*	(number) lottery	Die Nummer vom Zahlenlotto ist 01162.
	ankreuzen	(to) mark (with an X)	Kreuzen Sie bitte sechs Zahlen an.
	Lottozahlen, *Pl.*	lottery numbers	Die Lottozahlen sind falsch.
	Richtige (im Lotto), Pl.	correct, right, *here:* winning	Hast du sechs Richtige?
3**6**	*Bingo, das, ***	bingo	In England spielen die Leute viel Bingo.
	durchstreichen, durch-gestrichen	(to) cross out, (to) strike through	Streichen Sie die richtigen Zahlen durch.
	Gewinner/in, der/die, -/-nen	winner	Gewinner ist, wer zuerst fertig ist.
	zuerst	first	Gewinner ist, wer zuerst fertig ist.
	alle	every, all, *here:* all of the	Wer hat alle Zahlen?
	spielen (2)	(to) play (a game)	Spielen Sie im Kurs.

3 7 a	**Gruppen bilden**	(to) form groups	Bilden Sie drei Gruppen.
	laut	aloud, out loud	Lesen Sie die Zahlen laut.
	Fehler, der, -	mistake	Macht Gruppe A einen Fehler, ist Gruppe B dran.
	dran (sein)	(to be one's) turn, (to be) up	+ Wer ist dran? – Gruppe B.
	fertig (sein)	(to be) ready, (to be) finished	Wer ist fertig?
3 7 b	**sagen**	(to) say	Sagen Sie drei Zahlen.
	mitschreiben, mitgeschrieben	(to) write down, (to) take notes	Ich schreibe mit.

4 Zahlen verwenden. Telefonnummern und Rechnungen

	verwenden	(to) use	Verwenden Sie Zahlen.
	Rechnung, die, -en	cheque, bill, invoice	Hier ist die Rechnung: Macht zusammen 35,80.
4 2	**wichtig**	important	Die Nummer ist wichtig! Schreiben Sie mit!
	finden, gefunden (2)	(to) find	Telefonnummern finden
	Telefonbuch, das, "-er	telephone book	Der Name ist im Telefonbuch.

Einheit 1

Internet, das, *	internet	Das steht im Internet.
Polizei, die, *	police	+ Die Nummer der Polizei? – 110!
Arzt/Ärztin, der/die, "-e/-nen	(medical) doctor	Sein Arzt heißt Dr. Wilke.
Taxizentrale, die, -n	taxi depot	
Feuerwehr, die, *	fire department	Die Feuerwehr hat die Nummer 112.
4 3 **Preis,** der, -e	price	Notieren Sie die Preise.
warm, wärmer, am wärmsten	warm, warmer, warmest	Der Kaffee ist warm.
Tasse, die, -n	cup	Eine Tasse Kaffee nur 1,20 Euro.
Cappuccino, der, -	cappuccino	+ Kaffee oder Cappuccino? – Cappuccino, bitte.
Schale, die, -n	bowl	die Schale Milchkaffee
Milchkaffee, der, -	café latte	+ Was möchtest du trinken? – Milchkaffee, bitte.
Alkoholfreies	alcohol-free	Wasser ist etwas Alkoholfreies.
Mineralwasser, das, -	mineral water	+ Zahlen, bitte! – Zwei Mineralwasser, das macht drei Euro.

Cola, *die od. das, -s (Kurzform von Coca-Cola)*	cola	+ Was trinken Sie? – Cola.
Fanta, *die, **	Fanta *(a soft drink)*	Und ich trinke Fanta.
zahlen	(to) pay	Wir möchten zahlen, bitte!
zusammen	together	+ Zusammen oder getrennt? – Zusammen.
getrennt	separately	+ Zusammen oder getrennt? – Zusammen.
Das macht ...	That comes to ...	Das macht zusammen ... 5 Euro 80.
danke	thank you	+ Hier, 6,50. – Danke.
Auf Wiedersehen!	Good-bye!	
4⃣5⃣ **Dialoggrafik,** *die, -en*	dialogue graphic	Im Kurs arbeiten wir mit der Dialog-grafik.
Wasser, *das, -*	water	+ Möchtest du ein Wasser? – Nein, ich möchte Kaffee.
4⃣6⃣ *gemeinsam*	together, in common	
offiziell	official	In zwölf Ländern ist der Euro offizielles Zahlungsmittel.
Zahlungsmittel, *das, -*	currency	In zwölf Ländern ist der Euro offizielles Zahlungsmittel.
Land, *das, "-er*	country	Österreich ist ein Land in Europa.

über	over, more than	Über 200 Millionen Menschen bezahlen mit dem Euro.
Million, die, -en	million	Berlin hat 3,4 Millionen Einwohner.
Schein, der, -e (Euro-)	bill, note	Hast du einen 50-Euro-Schein?
gleich	the same	Die Scheine sind in allen Ländern gleich.
Münze, die, -n	coin	Die Münzen sind aber unterschiedlich.
unterschiedlich	different	Die Münzen sind aber unterschiedlich.
tragen, getragen	(to) carry	Sie tragen nationale Symbole.
national	national	Sie tragen nationale Symbole.
4 7 *Quiz, das,* -	quiz	Ein Quiz. Raten Sie: Woher kommen Sie?
raten, geraten	(to) guess	Ein Quiz. Raten Sie: Woher kommen Sie?

Übungen

Ü 2	**verbinden,** verbunden	(to) connect	Verbinden Sie die Dialogteile.
Ü 5	**Temperatur,** die, -en	temperature	+ Die Temperatur in Kiel? – 18 Grad.

Ü7 *Auskunft, die*	(directory) information	Die Telefonauskunft: Die Telefonnummer ist ...
Vorwahl, die, -en	area code, country code	Die Vorwahl von Deutschland ist 0049.
Moment, der, -e	moment	Einen Moment, bitte.
Faxnummer, die, -n	fax number	Die Faxnummer ist die 732.
12 *Karaoke, das, -s*	Karaoke	Übung 12 ist ein Textkaraoke.

2 Im Sprachkurs

nachfragen	(to) ask about (sth.), (to) ask questions	Fragen Sie im Kurs nach.
Wörterbuch, das, "- er	dictionary	Suchen Sie im Wörterbuch.
Verneinung, die, -en	negation	Verneinung: kein, keine
kein, kein, keine	no, not any, *here:* not a	Das ist kein Büro, das ist eine Schule.
Umlaut, der, -e	umlaut, mutated vowel	„Ä", „ö" und „ü" sind Umlaute.

Einheit 2

1 Im Kurs

nicht	not	Ich verstehe das nicht.
können, gekonnt	can, could	Können Sie das bitte wiederholen?
wiederholen	(to) repeat	Können Sie das bitte wiederholen?
anschreiben, angeschrieben	(to) write (sth.) down	Können Sie das bitte anschreiben?
Ahnung, die, -en	idea	+ Wie heißt das auf Deutsch? – Ich habe keine Ahnung!
Keine Ahnung!	No idea!	+ Wie heißt das auf Deutsch? – Ich habe keine Ahnung!
Radiergummi, der, -s	eraser	
1 **2** **Heft,** das, -e	notebook	Ich mache eine Tabelle im Heft.
Kuli, der, -s (*Kurzform von* Kugelschreiber)	(ball-point) pen	Wo ist der Kuli?
signalisieren	(to) signal	Nicht-Verstehen signalisieren und nachfragen
Wie bitte?	Pardon?	Wie bitte? Ich verstehe das nicht.
1 **4** **Gegenstand,** der, "-e	object	Gegenstände benennen. Was kennen Sie?
benennen, benannt	(to) name	Gegenstände benennen. Was kennen Sie?

Kreide, die, -n	chalk	Schreiben Sie die Wörter an die Tafel. Wo ist die Kreide?
Tafel, die, -n	chalkboard, blackboard	Schreiben Sie die Wörter an die Tafel. Wo ist die Kreide?
Schwamm, der, "-e	sponge, chalk eraser	
Papier, das, *, (-e)	paper	Ich habe kein Papier!
Tisch, der, -e	table	Im Kursraum sind Tische und Stühle.
Stuhl, der, "-e	chair	Im Kursraum sind Tische und Stühle.
CD-Player, der, -	CD player	
Lampe, die, -n	lamp	
Tasche, die, -n	bag	Die Tasche ist noch im Kursraum.
Füller, der, -	fountain pen	Ich schreibe mit Füller.
Lernplakat, das, -e	learning poster	Machen Sie ein Lernplakat im Kurs.
Bleistift, der, -e	(lead) pencil	Ich schreibe mit Bleistift.
Videorekorder, der, -	video recorder	Der Fernseher und der Videorekorder stehen im Kursraum.
Fernseher, der, -	television	Der Fernseher und der Videorekorder stehen im Kursraum.

Handy, das, -s	cell(ular) phone	Das Handy hat die Nummer 01772526133.
Overheadprojektor, der, -en	overhead projector	
1 6 *betont*	stressed	Markieren Sie die betonten Wörter.
1 7 **Kursraum,** der, "-e	classroom	Im Kursraum ist ein CD-Player.

2 Nomen und bestimmter Artikel: *der, das, die*

2 1 **schreiben,** geschrieben	(to) write	Schreiben Sie die Wörter.
Tür, die, -en	door	Das Haus hat drei Türen.
Haus, das, "-er	house, building	Das Haus hat drei Türen.
2 2 *Wörterliste, die, -n*	word list	Mit der Wörterliste arbeiten.
Liste, die, -n	list	Mit der Wörterliste arbeiten.
Seite, die, -n	page	Die Übung ist auf Seite 32.
2 3 **Geschichte,** die, -n	story	Wörter und Bilder verbinden, „Artikelgeschichten" ausdenken: ein Film im Kopf.

ausdenken *(sich etw.)*	(to) think up/out (sth.)	
Film, der, -e	film	Wörter und Bilder verbinden, „Artikel-geschichten" ausdenken: ein Film im Kopf.
Kopf, der, "-e	head	
Farbe, die, -n	colour	Arbeiten Sie mit Farben!
Löwe, *der, -n*	lion	
immer	always	Nomen immer mit Artikel lernen.

3 Nomen: Singular und Plural

3**1** **Form,** die, -en	form	Wie heißen die Formen im Singular und Plural?
Buch, das, "-er	book	Ich lese das Buch.
3**3** **_Variante,_** *die, -n*	variant, variation	Welche Variante ist richtig?
richtig	correct, right	Welche Variante ist richtig?
3**6** **Stopp!**	Stop!	Sagen Sie „Stopp"!

4❶	**ạnsehen,** ạngesehen	(to) look at	Sehen Sie die Bilder an.
4❷	**zeịchnen**	(to) draw	Zeichnen Sie ein Bild.
	Mạnn, der, "-er	man	+ Ist das ein Mann? – Nein, eine Frau.
4❸	**Bạum,** der, "-e	tree	
	Fẹnster, das, -	window	Das Haus hat eine Tür und fünf Fenster.
4❹ a	**Eịs,** das, *	ice, ice-cream	Ich mag kein Eis.
	Hụnd, der, -e	dog	Bitte keine Hunde.
	Fạhrrad, das, "-er	bicycle	Keine Fahrräder, bitte.
	mụ̈ssen	must, (to) have to	Hunde müssen draußen bleiben.
	draụßen bleiben, geblieben	(to) stay outside	Hunde müssen draußen bleiben.
4❹ b	*Tennisball, der, "-e*	tennis ball	
	neịn	no	Nein, ich komme nicht aus Bern.
	Fụßball, der, "-e	football, soccer	Das ist ein Fußball, kein Tennisball.

Koffer, der, -	suitcase	Das ist kein Koffer, das ist eine Tasche.
4 5 a *systematisch*	systematic(ally)	Artikel systematisch lernen
4 5 b Kursteilnehmer/in, der/die, -/-nen	course participant	Die Kursteilnehmer fragen, die Lehrerin antwortet.
Theater, das, -	theatre	+ Ist das ein Theater? – Nein, das ist ein Museum.

5 Schulen, Kurse, Biografien

Biografie, die, -n	biography	Das ist eine Biografie über Willy Brandt.
5 1 Sekretärin, die, -nen	secretary	Die Sekretärin in der Sprechstunde heißt Frau Witzke.
Kind, das, -er	child	Herr Behm hat zwei Kinder.
interessant	interesting	Das Museum ist interessant.
gut, besser, am besten	good, better, best	Der Kurs ist gut.
Arbeit, die, -en	work	Die Arbeit ist interessant.
Volkshochschule, die, -n	community collage, adult school	Er lernt Deutsch an der Volkshochschule.
verheiratet (mit)	married (to)	Er ist mit Bärbel verheiratet.

Moment (im)	(at the) moment	Im Moment lernt sie Deutsch.
Kultur, die, -en	culture	Deutschland ist für uns Sprache, Kultur und Heimat.
Biologie, die, *	biology	Sie studiert Biologie und Chemie.
Chemie, die, *	chemistry	Sie studiert Biologie und Chemie.
Sport, der, (-arten)	sport(s)	Ihre Hobbys sind Musik und Sport.
Gitarre, die, -n	guitar	Spielen Sie auch Gitarre?
lieben	(to) love	Sie liebt Beethoven und Schubert.

6 Kommunikation im Deutschkurs

Kommunikation, die, *	communication	
6 1 **antworten**	(to) answer, (to) reply	Hören Sie und antworten Sie.
6 2 **Bitte,** die, -n	request	Wir haben eine Bitte: heute keine Hausaufgaben.
Arbeitsanweisung, die, -en	directions (in a course book)	Lesen Sie die Arbeitsanweisung.
beide	both (of them)	Wer sagt was? Was sagen beide?

Kursleiter/in, der/die, -/-nen	course leader, teacher	Herr Hosch ist Kursleiter.
erklären	(to) explain	Das verstehe ich nicht. Bitte erklären Sie.
langsam	slow(ly)	Sprechen Sie bitte langsam(er).
Pause, die, -n	break	Können wir eine Pause machen?
Hausaufgabe, die, -n	homework	Wir machen heute Hausaufgaben.

Übungen

Ü**3**	**Reihenfolge,** die, -n	series, order	Verbinden Sie die Sätze in der richtigen Reihenfolge.
Ü**8**	**Radio,** das, -s	radio	Ich höre gern Radio.
Ü**9**	**Paar,** das, -e	pair	Lernen Sie Wörter in Paaren.

Sehenswürdigkeit, die, -en	sight worth seeing	Der Eiffelturm in Paris ist eine Sehenswürdigkeit.
geografisch	geographic	die geografische Lage angeben
Lage, die, -n	site, situation, location	die geografische Lage angeben
angeben, angegeben	(to) specify, (to) give	die geografische Lage angeben
Satzfrage, die, -n	yes-no question	Es gibt Satzfragen und W-Fragen.
W-Frage, die, -n	question using a question word	„Was ist das?" ist eine W-Frage.

1 Grüße aus Europa

Gruß, der, "-e	greeting	Grüße aus Europa
Europa	Europe	Grüße aus Europa
1 **Karte,** die, -n	map	Arbeiten Sie mit der Europakarte.
Turm, der, "-e	tower	Der Eiffelturm ist in Paris.

1 2	**worüber**	about what	Worüber sprechen Sie?
1 3	**aha**	aha	Aha, und wo ist das?
1 4	**Postkarte,** die, -n	postcard	Das ist eine Postkarte aus Singapur.
	so	in this/that way	So kann man fragen.
	man	one, a person, you *(impersonal)*	So kann man fragen.
	denn	then	Wo ist denn das?
1 5	**zeigen**	(to) show	Wir zeigen Fotos im Kurs.
	achten auf *(+ Akk.)*	(to) pay attention to	Achten Sie auf die Satzakzente.
	meisten, *Pl.*	most	Die meisten Ländernamen haben auf Deutsch keinen Artikel.
	Ländername, der, -n	name of a country	Die meisten Ländernamen haben keinen Artikel.

2 Menschen, Städte, Sprachen

2 1	**Wie geht's?**	How are you?	+ Hallo, wie geht's? – Danke, gut.
	gern	gladly, (to) like to	Ich trinke gern Kaffee.
	Sag doch „du".	You can use my first name.	+ Wie heißen Sie? – Sag doch „du".

Okay!	Okay!	Okay, ich heiße Anne.
schon	already, *here:* have you ever been…	+ Warst du schon mal in Paris? – Ja.
mal	once, *here:* have you ever been…	+ Warst du schon mal in Paris? – Ja.
Ach!	Oh!	Ach, das ist in Frankreich?
genau	exactly, precisely	Ja, genau!
Italienisch, das, *	Italian	Ich spreche kein Italienisch.
2 **3** *Melodie, die, -n*	melody	Hören Sie die Melodie.
Unterschied, der, -e	difference	Hören Sie den Unterschied?
2 **4** b **gestern**	yesterday	Wo warst du gestern?
2 **5** **Orientierung,** die, -en	orientation, orienteering	Orientierung auf der Landkarte
Landkarte, die, -n	map	Arbeiten Sie mit der Landkarte.
liegen (1)	(to) lie, *here:* is	+ Wo liegt Graz? – Im Südosten von Österreich.
Norden, der, *	North	Hamburg liegt im Norden, München im Süden von Deutschland.
Süden, der, *	South	Hamburg liegt im Norden, München im Süden von Deutschland.

Osten, der, *	East	Dresden liegt im Osten, Köln im Westen von Deutschland.
Westen, der, *	West	Dresden liegt im Osten, Köln im Westen von Deutschland.
südlich von	south of	Göttingen liegt südlich von Hannover.
nördlich von	north of	Deutschland liegt nördlich von Österreich.
2 6 *Städteraten, das,* *	guessing cities	

3 *Warst du schon in ...?* Fragen und Antworten

3 2 a **vergleichen,** verglichen	(to) compare	Vergleichen Sie die Sätze!
3 2 b *Position, die, -en*	position	Das Verb steht auf Position 2.
Regel, die, -n	rule	Ergänzen Sie die Regeln.
stehen, gestanden	(to) stand, (to) be situated	Das Verb steht auf Position 2.
3 3 *Personenraten, das,* *	guessing people (twenty questions)	Personenraten im Kurs: Wer ist das?
nur	only	Antworten Sie nur mit „ja" oder „nein".
3 4 **Information,** die, -en	information	Ordnen Sie die Informationen im Kasten.

Hauptstadt, die, "-e	capital city		Dresden ist die Hauptstadt von Sachsen.
bayrisch	Bavarian		Passau ist eine bayrische Stadt.

4 Über Länder und Sprachen sprechen

4❶	**Nachbar,** der, -n	neighbour	Sie sind also mein Nachbar. Guten Tag!
4❷	**beschreiben,** beschrieben	(to) describe	Beschreiben Sie die Grafik.
	Grafik, die, -en	graphic	Beschreiben Sie die Grafik.
	Mutter- ≠ Fremdsprache, die, -n	mother tongue ≠ foreign language	Spanisch ist meine Muttersprache, Deutsch ist eine Fremdsprache.
	Niederländisch, das, *	Dutch	
	Schwedisch, das, *	Swedish	
	Portugiesisch, das, *	Portuguese	Meine Freundin spricht Portugiesisch.
	Griechisch, das, *	Greek	
	Dänisch, das, *	Danish	Ich spreche kein Dänisch.
	Finnisch, das, *	Finnish	

4 3	**wechseln**	(to) change	Wo wechselt der Akzent?
	Tschechisch, das, *	Czech	Ich möchte Tschechisch lernen.
	Slowakisch, das, *	Slovakian	
4 5	*Konversation, die, -en*	conversation	Konversation im Zug
	etwas (= ein bisschen)	somewhat, a little	Ich spreche etwas Türkisch.
4 6	**Mehrsprachigkeit, die,** *	multilingualism	Mehrsprachigkeit in Europa. Was verstehen Sie?
4 7	**Region, die, -en**	region	Die Steiermark ist eine Region in Österreich.
	Ich-Text, der, -e	text in the first person (about oneself)	Ich-Texte schreiben

5 Deutsch im Kontakt

	Kontakt, der, -e	contact	Deutsch im Kontakt
5 1	**passieren**	(to) happen, (to) go on	+ Was passiert hier? – Nichts.
	Ort, der, -e	place	Pirna ist ein Ort in Sachsen.
	bilingual	bilingual	Im bilingualen Kurs sprechen die Schüler zwei Sprachen.

Euregio-Projekt, das, -e	Euregio Project	Im Euregio-Projekt kooperieren zwei Länder.
Projekt, das, -e	project	Das ist ein deutsch-französisches Projekt.
kooperieren	cooperate	In dieser Region kooperieren Universitäten.
Gymnasium, das, *Pl.:* Gymnasien	higher secondary school, high school	Die Schüler im Gymnasium lernen Englisch und Französisch.
Schüler/in, der/die, -/-nen	student	Die Schüler im Gymnasium lernen Englisch und Französisch.
Nachbarregion, die, -en	neighbouring region	
zwischen	between	Frankreich liegt zwischen Spanien und Deutschland.
viele	many, much, *here:* a lot of	Hier gibt es viele ökonomische, akademische und kulturelle Kooperationen.
ökonomisch	economic	Hier gibt es viele ökonomische, akademische und kulturelle Kooperationen.
akademisch	academic	
kulturell	cultural	Hier gibt es viele ökonomische, akademische und kulturelle Kooperationen.
Kooperation, die, -en	cooperation	
jeder, jedes, jede	each, *here:* every	Ich fahre jeden Tag nach Lothringen.
Tag, der, -e	day	Ich fahre jeden Tag nach Lothringen.

fahren, gefahren	(to) drive, (to) go (by bus, train, etc.)	Ich fahre jeden Tag nach Lothringen.
mehr (als)	more (than)	Ich kenne mehr als 200 Wörter.
über	over	Sie fahren über die Grenze zur Arbeit.
Grenze, die, -n	border	Sie fahren über die Grenze zur Arbeit.
zur	to (the)	Sie fahren über die Grenze zur Arbeit.
Telekommunikation, die, -en	telecommunication(s)	Sie kooperieren in der Telekommunikation, im Tourismus und im Verkehr.
Tourismus, der, *	tourism	Sie kooperieren in der Telekommunikation, im Tourismus und im Verkehr.
Verkehr, der, *	traffic, transportation	

5 3 **nennen,** genannt — (to) name, *here:* give — Nennen Sie weitere Beispiele.

Beispiel, das, -e — example — Nennen Sie weitere Beispiele.

Übungen

Ü 7 **Bar,** die, -s — bar — Wir trinken Wein in einer Bar.

Ü 8 **sehr** — very — Das ist sehr schön.

Wein, der, -e — wine — Wir trinken Wein in einer Bar.

Ü⓫	**Nạchbarland,** *das, "-er*	neighbouring country	Deutschland hat neun Nachbarländer.
	Flämisch, *das, **	Flemish	In Belgien spricht man Flämisch.
	Letzeburgisch, *das, **	Luxembourgain	Letzeburgisch spricht man in Luxemburg.
Ü⓬	**Reạlschule,** *die, -n*	practical/technical secondary school	Meine Kinder gehen jetzt zur Realschule.

4 Menschen und Häuser

1 Wohnen in Deutschland, Österreich und der Schweiz

Wohnung, die, -en	apartment, flat	Die Wohnung ist groß.
Sạche, die, -n	thing	über Personen und Sachen sprechen
zu	too	Graduierung mit *zu:* Die Wohnung ist zu groß.
besọnders	(e)special(ly)	etwas besonders betonen
1⓵ **Họchhaus,** das, "-er	high-rise, skyscraper	Das Hochhaus ist in Köln.

B<u>au</u>ernhaus, *das, "-er*	farmhouse	Das Bauernhaus ist alt.
<u>Ei</u>nfamilienhaus, das, "-er	single family house	Sie haben ein Einfamilienhaus.
Z<u>i</u>mmer, das, -	room	Die Wohnung hat drei Zimmer.
Stud<u>e</u>ntenwohnheim, das, -e	student residence	Sie hat ein Zimmer im Studentenwohn-heim.
<u>A</u>ltbauwohnung, *die, -en*	flat/apartment in an older building	Die Altbauwohnung ist sehr hell.
St<u>o</u>ck, der, * *(Kurzform für* Stockwerk)	storey, floor	Das ist im ersten Stock.
h<u>e</u>ll	bright	Die Wohnung ist hell.
gro<u>ß</u>, gr<u>öß</u>er, am gr<u>öß</u>ten	big, bigger, biggest	Das Haus ist groß.
k<u>o</u>sten	(to) cost	Die Wohnung kostet 800 Euro.
t<u>eu</u>er, t<u>eu</u>rer, am t<u>eu</u>ersten	expensive, more expensive, most expensive	+ Wie teuer ist die Wohnung? – 800 Euro.
G<u>a</u>rten, der, "-	garden, yard	Unser Haus hat einen Garten.
<u>u</u>nser, <u>u</u>nser, <u>u</u>nsere	our	Unser Haus hat einen Garten.
m² (= Quadr<u>a</u>tmeter)	m² (= square metre)	Die Wohnung hat 64 Quadratmeter.
kl<u>ei</u>n	small, little	Der Balkon ist sehr klein.

Einheit 4

45

(auf dem) Land, das, *	(on the) land, *here:* (in the) country	Wir wohnen auf dem Land, nicht in der Stadt.
ziemlich	quite	Da ist es ziemlich ruhig.
ruhig	quiet, peaceful	Da ist es ziemlich ruhig.
1 2 **aber**	but	600 Euro Miete? Schön, aber teuer.

2 Wohnungen

2 1 **Wohnzimmer, das, -**	living room	Unser Wohnzimmer ist ziemlich klein.
essen, gegessen	(to) eat	Kinder essen gern Eis.
schlafen, geschlafen	(to) sleep	Hier schlafen die Kinder.
baden	(to) have a bath	Ich bade jeden Samstag.
kochen	(to) cook	Ich koche jeden Abend.
Küche, die, -n	kitchen	Ich koche viel und bin gern in der Küche.
2 2 a *Zeichnung, die, -en*	drawing	Welche Zeichnung passt?
passen	(to) fit	Welche Zeichnung passt?

links	(to the / on the) left	Links ist die Küche und rechts das Wohn-zimmer.
rechts	(to the / on the) right	Links ist die Küche und rechts das Wohn-zimmer.
2 2 b Raum, der, "-e	room	Ergänzen Sie die Namen der Räume oben.
oben	upstairs	Ergänzen Sie die Namen der Räume oben.
Bad, das, "-er *(Kurzform für* Badezimmer, das, -)	bath(room)	Unser Bad ist nicht sehr groß.
Balkon, der, -e	balcony	Der Balkon ist klein.
was für ein ...	What a ...!	Was für ein Chaos!
*Chaos, das, * *	chaos	Was für ein Chaos!
wirklich schön	really beautiful	schön ≠ hässlich; Die Wohnung ist wirklich schön!
dunkel	dark	hell ≠ dunkel; Das Arbeitszimmer ist sehr dunkel.
qm (= Quadratmeter)	square metre	Die Küche hat 11 qm.
Flur, der, -e	hall(way), corridor	Der Flur ist lang – 6 Meter.
lang, länger, am längsten	long	Der Flur ist lang – 6 Meter.
Bücherregal, das, -e	bookshelf	Die Bücher sind im Bücherregal.

Regal, das, -e	shelves	Wir haben viele Bücher. Wir brauchen noch ein Regal.
viel	a lot of, much, many	Unsere Wohnung ist groß. Wir haben viel Platz.
Platz, der, "-e (2)	room, place	Unsere Wohnung ist groß. Wir haben viel Platz.
billig	inexpensive, cheap	billig ≠ teuer; Unsere Wohnung kostet nur 400 Euro. Das ist billig.
2 3 **möchten,** gemocht	would like	Ich möchte auf dem Land leben.

3 Possessivartikel im Nominativ

3 1 **Vase,** die, -n	vase	Das ist meine Vase.
3 3 **CD,** die, -s	CD	Ist das deine CD?

4 Zimmer beschreiben – Adjektive

4 2 **Gegenteil,** das, -e	opposite	Das Gegenteil von „groß" ist „klein".
neu	new	neu ≠ alt; Das Regal ist neu.
leise	soft, quiet	leise ≠ laut; Die Musik ist zu leise.
hässlich	ugly	hässlich ≠ schön; Das Zimmer ist ziemlich hässlich.

kurz, kürzer, am kürzesten	short, shorter, shortest	Das Gegenteil von „lang" ist „kurz".
4 **3** a **Toilette,** die, -n	toilet	Die Toilette ist zu klein.
4 **3** b **bestimmte**	certain, specific	Sprechen Sie über eine bestimmte Wohnung.
4 **4** a *Traumwohnung, die, -en*	dream flat/apartment	Meine Traumwohnung hat fünf Zimmer.
Arbeitszimmer, das, -	work room, study	Meine Wohnung hat kein Arbeitszimmer.
kommentieren	(to) comment on	Wohnungen beschreiben und kommentieren
modern	modern	Die Wohnung ist sehr modern.
Kinderzimmer, das, -	children's room, nursery	Das Kinderzimmer hat 14 qm.
Traum, der, "-e	dream	Die Wohnung ist ein Traum. So groß und hell!
daneben	beside that, beside it	Dort steht mein Computer, daneben das Radio.
chaotisch	chaotic	Unser Umzug war sehr chaotisch.
4 **4** b **weitergeben,** weitergegeben	(to) pass on/along	Geben Sie das Bild weiter.
weiter	farther, *here:* pass on/along	Geben Sie das Bild weiter.

5 Wörter bauen

b<u>au</u>en	(to) build, (to) form	Wörter bauen
5❶a K<u>ü</u>chentisch, der, -e	kitchen table	Der Küchentisch ist alt.
Schr<u>ei</u>btischlampe, die, -n	desk lamp	Meine Schreibtischlampe ist sehr hell.
5❶b M<u>ö</u>bel, das, -	furniture	Wo stehen die Möbel?
zu H<u>au</u>se	at home	Lernen Sie zu Hause!
Schr<u>ei</u>btisch, der, -e	desk	Der Schreibtisch steht im Arbeitszimmer.
E<u>s</u>stisch, der, -e	dining table	Der Esstisch steht in der Küche.
K<u>ü</u>chenschrank, der, "-e	kitchen cupboard	Der Küchenschrank steht in der Küche.
Schr<u>a</u>nk, der, "-e	cupboard, wardrobe	Der Schrank steht im Schlafzimmer.
5❶c *Gr<u>u</u>ndwort, das, "-er*	root word	Das Bücherregal: Regal ist das Grundwort.
5❷ *B<u>ü</u>rostuhl, der, "-e*	office chair	Der Bürostuhl ist im Arbeitszimmer.
Bet<u>o</u>nung, die, -en	stress, accent, emphasis	Die Betonung von Wörtern immer mitlernen!
5❸ m<u>e</u>hrere, *Pl.*	various	Es gibt mehrere Möglichkeiten.

Möglichkeit, die, -en	possibility	Es gibt mehrere Möglichkeiten.
Kommode, die, -n	commode, chest of drawers	
Stehlampe, die, -n	floor lamp	Die Stehlampe steht im Wohnzimmer.
Sessel, der, -	armchair	Der Sessel steht im Wohnzimmer.
Sofa, das, -s	sofa	Das Sofa steht im Wohnzimmer.
Schlafzimmer, das, -	bedroom	Im Schlafzimmer steht das Bett.

6 Wortschatz systematisch lernen

6**1** **ausprobieren**	(to) try (out)	Probieren Sie verschiedene Techniken aus.
verschieden	different	Die Kursteilnehmer sind sehr verschieden.
Badewanne, die, -n	bathtub	Die Badewanne ist neu.
Waschbecken, das, -	bathroom sink, washbasin	Das Waschbecken im Bad ist zu klein.
Spiegel, der, -	mirror	
Zettel, der, -	note, slip of paper	Schreiben Sie die Wörter auf Zettel.
Kühlschrank, der, "-e	refrigerator	Der Eistee ist im Kühlschrank.

H<u>e</u>rd, der, -e	cooker, stove	Der Herd ist in der Küche.	
W<u>ö</u>rternetz, das, -e	word network	Bilden Sie ein Wörternetz zum Thema „Möbel".	
S<u>a</u>tz, der, "-e	sentence		
W<u>o</u>rtkarte, die, -n	word map	Machen Sie jetzt Ihre eigenen Wortkarten.	
L<u>e</u>rnkartei, die, -en	learning card file	Mit einer Lernkartei lernen Sie die Wörter besser.	

7 Der Umzug

<u>U</u>mzug, der, "-e	move	Unser Umzug ist ein Chaos.
7❶ *<u>U</u>mzugschaos, das, **	moving chaos	
<u>E</u>-Mail, die, -s	email	Schreiben Sie eine E-Mail.
<u>U</u>mzugskarton, der, -s	moving box	Wir haben 20 Umzugskartons. Sie sind schwer.
p<u>a</u>cken	(to) pack	Er packt seine Bücher.
V<u>i</u>deo, das, -s	video	Heute ist bei uns Video-Abend.
funktion<u>ie</u>ren	(to) function, (to) work	Funktioniert der Videorekorder?

Problem, das, -e	problem	Wir haben viele Probleme.
Postleitzahl, die, -en	postal code, zip code	Meine Postleitzahl ist 14197.
zentral	central	Die Wohnung ist sehr zentral.
breit	wide	Der Flur ist sehr breit und lang.
Glück, das, *	luck	Die Wohnung ist billig. Wir hatten Glück.
pro	per	Ich trinke fünf Tassen Kaffee pro Tag.
Waschmaschine, die, -n	washer, washing machine	Die Waschmaschine ist schwer. Dein armer Rücken!
Arme, der/die, -n	poor wretch	Der Arme! Er hat Rückenschmerzen.
doch	after all	Der Herd war doch zu schwer.
Rücken, der, -	back	Mein Rücken macht Probleme.
schwer	heavy	Die Aufgabe ist sehr schwer.
brauchen	(to) need	Wir brauchen deine Hilfe.
Hilfe, die, -n	help	Brauchst du meine Hilfe?
Viele Grüße ...	Many greetings ...	

bis morgen	see you tomorrow	Tschüss dann, bis morgen!
Rückenschmerzen, *Pl.*	back pains, backache	Die Umzugskartons waren schwer. Jetzt habe ich Rückenschmerzen.
bekommen, bekommen	(to) receive, (to) get	Ich bekomme eine E-Mail.
morgen	tomorrow	Treffen wir uns morgen im Café?

8 Wohnformen

8 1

Wohnform, die, -en	life style, way of living	Wohnformen. Sehen Sie die Fotos an.
Lärmen, das, *	making noise	Lärmen im Treppenhaus ist verboten.
Einstellen, das, *	discontinuation, refrain	
Treppenhaus, das, "-er	stairway, stairwell	Lärmen imTreppenhaus ist verboten.
verboten (sein)	(to be) forbidden	Rauchen im Kurs ist verboten.
Eigentümer, der, -	owner	Das ist mein Haus. Ich bin der Eigentümer.
voll	full	Die Küche ist klein und sehr voll.
Spielplatz, der, "-e	playground	Der Spielplatz ist nur für Kinder.
Bett, das, -en	bed	Das Bett ist im Schlafzimmer.

Ü**9**	**Fuß,** der, ¨-e	foot	Fußball spielt man mit den Füßen.
Ü**12**	**Japaner/in,** der/die, -/-nen	Japanese	Takeschi ist Japaner.

Station 1

Station, die, -en	station

1 Berufsbilder

1**1** a	*Beruf,* der, -e	occupation, profession	Mein Beruf? Ich bin Deutschlehrerin.
	Material, das, Pl.: Materialien	material	Material im Kurs: Lehrbuch, Heft, Wörterbuch ...
	Lehrbuch, das, ¨-er	textbook	Das Lehrbuch heißt *studio d.*
	Tätigkeit, die, -en	activity	Tätigkeiten im Kurs: Deutsch sprechen, Texte lesen, Wörter lernen ...
1**1** b	*Sprachinstitut,* das, -e	language institute/school	Sie lernt Deutsch in einem Sprachinstitut.

Stunde, die, -n	hour	Sie hat jeden Tag vier Stunden Unterricht.
Unterricht, der, *	lessons	Die Lehrerin hat jeden Tag Unterricht.
abends	in the evening	Abends mache ich meine Hausaufgaben.
fest	*here:* permanent	Ihr Job an der Universität ist nicht fest.
Spaß, der, "-e	fun	Der Unterricht macht Spaß.
fremd	foreign	Sie mag fremde Kulturen.
oft	often	Die Studenten machen oft Projekte.
Bahnhof, der, "-e	(train) station	Im Bahnhof steht jetzt kein Zug.
Kaufhaus, das, "-er	department store	
Theater, das, -	theatre	+ Was kommt im Theater? – Shakespeare.
Woche, die, -n	week	Die Woche hat sieben Tage.
Bibliothek, die, -en	library	Sie liest Bücher in der Bibliothek.
Seminar, das, -e	seminar	Im Seminar sind auch Studenten aus Polen.
am Anfang	at the beginning	Am Anfang war alles fremd.

1 3

alles	everything	Am Anfang war alles fremd.

2 Themen und Texte

Thema, das, Pl.: Themen	theme, topic	Unser Thema heute: Berufsbilder.
2**1** *regional*	regional	Es gibt regionale Unterschiede.
Hand (jdm die Hand geben), die, "-e	hand (*here:* (to) shake hands)	In Deutschland gibt man zur Begrüßung oft die Hand.
Tradition, die, -en	tradition	
küssen	(to) kiss	In Frankreich küsst man Bekannte.
Bekannte, der/die, -n/-n	acquaintance	In Frankreich küsst man Bekannte.
formal	formal	„Sie" ist offiziell, formal und neutral.
neutral	neutral	„Sie" ist offiziell, formal und neutral
Firma, die, Pl.: Firmen	firm, company	Er arbeitet bei einer Autofirma.
populär	popular	
Verabschiedung, die, -en	leave-taking, saying good-bye	Eine Verabschiedung: Auf Wiedersehen.

2 2	*Liebe …* (Anrede im Brief)	Dear …	
2 4	*Buchstabe, der, -n*	letter (of the alphabet)	„A", „b" und „c" sind Buchstaben.
	Autoschild, das, -er	license plate, car number plate	Die Schweiz hat das Autoschild CH.
	Lösung, die, -en	solution	die Lösung = die Antwort ist richtig
2 5 b	*Ergebnis, das, -se*	result	das Ergebnis: Hamburg gegen Rostock: 1 : 2

3 Selbstevaluation: Wortschatz – Grammatik – Phonetik

3 1	*Begriff, der, -e*	term	
	gar kein	not … at all, no … at all	+ Fährst du Auto? – Nein, ich habe gar kein Auto.
3 2 a	*Samstag, der, -e*	Saturday	Hast du am Samstag Zeit?
	umziehen, umgezogen	(to) move	Wir haben eine Wohnung in Stuttgart. Wir ziehen um.
3 2 b	*ausgehen, ausgegangen*	(to) go out	Am Samstag geht sie aus.
	wissen, gewusst	(to) know	Weißt du schon? Wir haben jetzt ein Auto!
	Freitag, der, -e	Friday	Hast du am Freitag Zeit?

kaputt	broken, defective	Der CD-Spieler ist kaputt. Wir können keine Musik hören.
3 2 c *unterstreichen, unterstrichen*	(to) underline	Unterstreichen Sie die Nomen.
Teil, der, -e	part	Der Teil ist unterstrichen. Frag danach.
3 3 *Quiz, das, -*	quiz	
Ding, das, -e	thing	Dinge im Kurs: Hefte, Bücher, Stühle …
Möbelstück, das, -e	piece of furniture	Tische und Stühle sind Möbelstücke.
3 4 *normal*	normal	Die Betonung ist normal oder markiert.
3 5 *Radioprogramm, das, -e*	radio broadcast, program	Das Radioprogramm von heute: Musik aus China.
Küchenduell, das, -e	duel between cooks	
Märchen, das, -	fairytale	
Hörspiel, das, -e	radio play	
Dokumentation, die, -en	documentation	
Talkshow, die, -s	talk show	

Station 1

59

4❶	*Millionenstadt, die, "-e*	city of over a million people	Hamburg ist eine Millionenstadt.
	weltbekannt	known world-wide	Der Eiffelturm ist weltbekannt.
	Ferien, Pl.	holidays, vacation	Wir machen Ferien in den Alpen.
	Wintersport, der, -	winter sport(s)	
	Hafen, der, "-	port, harbour	Der Hafen in Hamburg ist groß.
	Industrie, die, -n	industry	
	Export, der, -e	export	
	Import, der, -e	import	
4❷	*Notiz, die, -en*	note(s)	Machen Sie Notizen.
	Alter, das, -	age	Ihr Alter? Ich weiß nicht, 36?
	Soziologie, die, *	sociology	Peter studiert Soziologie und Auslands-germanistik.
	Auslandsgermanistik, die, *	Second-language German Education	Peter studiert Soziologie und Auslands-germanistik.
4❸	*ca. (circa)*	approximately, about	Sie ist ca. 36 Jahre alt.

Rathaus, das, "*-er*	city/town hall	Das Rathaus in Jena ist sehr alt.
gründen	(to) found	Er hat 1644 die Universität gegründet.
4 5 *Nachmittag, der, -e*	afternoon	Am Nachmittag lernt er Deutsch.
Sportstudio, das, -s	sport studio	Ich war am Nachmittag im Sportstudio.

5 Termine

Termin, der, -e	appointment	Ich habe einen Termin um 14 Uhr.
Zeitangabe, die, -n	date, time, information about time	Ordnen Sie bitte die Zeitangaben zu.
Zeit, die, -en	time	+ Die Zeit? – Neun Uhr.
Uhrzeit, die, -en	time of day	Zeitangaben machen: Uhrzeiten und Wochentage
Wochentag, der, -e	day of the week	Zeitangaben machen: Uhrzeiten und Wochentage
verabreden (sich)	(to) arrange to meet	Termine machen und sich verabreden
entschuldigen	(to) excuse, *here:* Excuse me	Entschuldigen Sie, ich bin zu spät.

Verspätung, die, -en	delay	Der Airbus hat Verspätung.
trennbar	separable	Das Verb „umziehen" ist trennbar.
anrufen, angerufen	(to) call (on the phone)	Ich rufe Klaus heute an.
aufstehen, aufgestanden	(to) get up	Karl steht um sechs Uhr auf.

1 Uhrzeiten

1 1

wann	when	Wann kommst du zurück?
Leid tun (etw. jdm)	(to) be sorry (about sth.), *here:* Sorry, …	Tut mir Leid, ich komme etwas später.
Stau, der, -s	traffic jam	Tut mir Leid, ich stehe im Stau und komme später.
es	it	Es ist schon fünf Uhr.
später	later	Tut mir Leid, ich stehe im Stau und komme später.
Montag, der, -e	Monday	Montag und Dienstag sind Wochentage.
Dienstag, der, -e	Tuesday	Montag und Dienstag sind Wochentage.
Mittwoch, der, -e	Wednesday	Der Deutschkurs ist am Mittwoch und am Donnerstag.

Donnerstag, der, -e	Thursday	Der Deutschkurs ist am Mittwoch und am Donnerstag.
Freitag, der, -e	Friday	
Samstag, der, -e	Saturday	Am Samstag haben wir keinen Unterricht.
Sonntag, der, -e	Sunday	Am Sonntag auch nicht.
1 2 *Umgangssprache, die, -n*	slang, colloquial language	Uhrzeiten: offiziell und in der Umgangssprache
Frühstück, das, *	breakfast	Frühstück ist um sieben Uhr.
Mittagessen, das, -	lunch	+ Wann gibt es Mittagessen? – Um halb eins.
Abendessen, das, -	supper	Abendessen ist um acht Uhr.
morgens	in the morning	Ja, das Café ist morgens geöffnet.
halb	half (*here:* half of the next hour)	+ Entschuldigung, wie viel Uhr ist es? – Halb drei.
Viertel vor	quarter to	+ Wie spät ist es? – Es ist Viertel vor fünf.
Viertel nach	quarter past	+ Wie viel Uhr ist es? – Viertel nach vier.
kurz vor	shortly / a bit before	Es ist kurz vor zwölf.
kurz nach	shortly / a bit after	Es ist kurz nach sechs.

Einheit 5

Null, die, -en	zero, nought (*here:* midnight)	Null Uhr = Mitternacht
Mitternacht, die, *	midnight	Null Uhr = Mitternacht
nachts	at night	Nachts schlafe ich.
1**4** **spät**	late	+ Wie spät ist es jetzt? – Viertel nach zehn.
1**5** **Wie viel ...?**	How many ...? How much ...? *here:* What (o'clock) ...	+ Wie viel Uhr ist es? – Es ist kurz vor sechs.
Uhr, die, -en	clock, watch, o'clock	Hast du eine Uhr?
Wie spät ist es?	How late is it? What time is it?	

2 Tagesablauf und Termine

Tagesablauf, der , "-e	agenda, schedule	+ Wie ist dein Tagesablauf? – Ich stehe um acht Uhr auf, dann ...
2**1** **zu zweit**	*here:* in pairs	Arbeiten Sie zu zweit.
frühstücken	(to) have breakfast	Samstags frühstückt Ellen im Café.
ausgehen, ausgegangen	(to) go out	Ich gehe am Samstag aus.
gehen (1), gegangen	(to) go	Sie geht um elf Uhr schlafen.
Mittagspause, die, -n	lunch break	Die Mittagspause ist von zwölf bis ein Uhr.

	abends	in the evening	Abends lerne ich.
	um	*here:* at	Der Kurs beginnt um zehn Uhr.
2**3**	*Sprachschatten, der, -*	speech shadow	Sprachschatten: Ihr Partner erzählt – Spielen Sie Echo.
	Schatten, der, -	shadow	
	erzählen	(to) tell (a story)	Ihr Partner erzählt.
	Echo, das, -s	echo	Sprachschatten: Ihr Partner erzählt – Spielen Sie Echo.
	ach so	I see!	+ Ich gehe heute aus. –Ach so, du gehst aus.
2**4**	**Ende,** das, -n	end	Wörter mit „k" und „g" am Ende
2**5**	**vorbereiten**	(to) prepare	Wir bereiten den Dialog zu zweit vor.
	Anrufbeantworter, der, -	telephone answering machine	Auf dem Anrufbeantworter sind drei Anrufe.
	von (jdm)	from, *here:* of *(possessive)*	Hören Sie den Anrufbeantworter von Dr. Glas.
	zweimal	two times, twice	Hören Sie den Dialog zweimal.
	Sprechzeit, die, -en	consultation hours	Am Mittwoch hat Frau Dr. Blum keine Sprechzeit.
	Allgemeinmedizin, die, *	general medicine	Frau Dr. Blum ist Ärztin für Allgemeinmedizin.

Sprechstunde, die, -n	consultation hours	Am Dienstag hat Dr. Alt Sprechstunde von neun bis 13 Uhr.
2 6 **Ausländeramt,** das, "-er	immigration office	
Ausländer, der, -	foreigner	Ausländer brauchen eine Aufenthaltsgenehmigung.
Amt, das, "-er	(government) office	
Einwohnermeldeamt, das, "-er	(resident) registry office	Eine Wohnung meldet man beim Einwohnermeldeamt.
Aufenthaltsgenehmigung, die, -en	residence permit	
Visum, das, *Pl.:* Visa	visa	Sie brauchen ein Visum und drei Passfotos.
Passfoto, das, -s	passport photo	Sie brauchen ein Visum und drei Passfotos.
melden	(to) register	Die Wohnung muss man beim Einwohnermeldeamt melden.
Mietvertrag, der, "-e	lease	Haben Sie schon einen Mietvertrag für die Wohnung?
kompliziert	complicated	Die Aufgabe ist nicht kompliziert.
speziell	special	Es gibt spezielle Regeln für Ausländer.

3 Termine machen

3 **1** b	**Praxis,** die, *Pl.:* Praxen	practice	Hier ist die Praxis Dr. Meyer.
	hätte gern	would like	Ich hätte gern einen Termin.
	Krankenkasse, die, -n	health insurance company	Die AOK ist eine Krankenkasse.
	AOK (Allgemeine Ortskrankenkasse)	AOK (general local health insurance)	Die AOK ist eine Krankenkasse.
	nächster, nächstes, nächste	next	Nächste Woche kann ich nicht. Geht es auch morgen?
	Woche, die, -n	week	Nächste Woche kann ich nicht. Geht es auch morgen?
	da	*here:* then	Am Montag? Nein, da kann ich nicht.
	Auf Wiederhören!	Good-bye! *(on telephone)*	Am Telefon: Auf Wiederhören.
3 **2** a	**Beruf,** der, -e	occupation, profession	Mein Beruf ist Lehrer.
	telefonieren (mit jdm)	(to) talk on the phone	Ich telefoniere gern mit Klaus.
3 **2** b	**Autobahn,** die, -en	(German) freeway, expressway	Herr Strunz ist auf der Autobahn bei Leipzig.
	Stunde, die, -n	hour	Sie kommt in zwei Stunden – so gegen elf Uhr.
	so gegen	so around	Sie kommt in zwei Stunden – so gegen elf Uhr.

| **Anruf,** der, -e | (telephone) call | Ich erwarte einen Anruf. |
| **Gute Fahrt!** | Have a good trip! | + Ich muss nach Frankfurt. – Gute Fahrt! |

4 Verabredungen

Verabredung, die, -en	date, meeting	Morgen habe ich eine Verabredung mit Julia ...
4 1 **gehen** (2): Das geht (nicht).	(to) (not) work out well	Gehen wir ins Kino? – Nein, das geht heute nicht.
schwimmen, geschwommen	(to) swim	Gehen wir heute schwimmen?
treffen, getroffen (sich)	(to) meet, (to) get together	+ Treffen wir uns am Mittwoch? – Ja, das geht.
Abend, der, -e	evening	+ Gehen wir heute Abend ins Kino? – Das geht nicht.
Kino, das, -s	cinema, movies	+ Gehen wir heute Abend ins Kino? – Das geht nicht.
Zirkus, der, -se	circus	Am Sonntag gehen wir in den Zirkus.
4 2 **tschüss**	bye-bye	Zur Verabschiedung sagt man „Tschüss!"
Bis dann!	Till then!	Zur Verabschiedung sagt man auch „Bis dann".
4 3 **Park,** der, -s	park	In der Mittagspause geht Rolf in den Park.
Zoo, der, -s	zoo	

| **Disko,** die, -s | disco | Jenny geht am Samstag in die Disko. |

5 Sich verabreden – ein Rollenspiel vorbereiten

Rollenspiel, das, -e	role play	Arbeiten Sie zu zweit und bereiten Sie ein Rollenspiel vor.
5 1 b Zahnarzt/ärztin, der/die, "-e/-nen	dentist	Ich gehe nicht gern zum Zahnarzt.
nach Vereinbarung	by appointment	Termine bei Dr. Müller gibt es nur nach Vereinbarung.
Morgen, der, -	morning	Es ist früh am Morgen. Ich brauche einen Kaffee.
Kinobesuch, der, -e	visit to the cinema	+ Wie war der Kinobesuch? – Der Film war gut.
Besuch, der, -e	visit	Tante Hilde kommt zu Besuch.
Mittag, der, -e	noon	Mittag = zwölf Uhr.
bitten, gebeten (um etw.)	(to) ask (for)	um einen Termin bitten
frei haben	(to) have … free	Haben Sie am Mittwoch einen Termin frei?
vorschlagen, vorgeschlagen	(to) suggest	Einen Termin vorschlagen: Geht es am Freitag?
ablehnen	(to) refuse	Einen Termin ablehnen: Tut mir Leid, das geht nicht.

z<u>u</u>stimmen	(to) agree	Zustimmen: Ja, das passt gut.
5 3 *<u>Au</u>srede, die, -n*	excuse	Eine Ausrede: Tut mir Leid, mein Auto war kaputt.
w<u>a</u>rten	(to) wait	Wir warten seit zehn Uhr.
St<u>a</u>dtplan, der, ¨-e	city map	Ich habe einen Stadtplan von Köln.
Z<u>u</u>g, der, ¨-e	train	Der Zug hatte zehn Minuten Verspätung.
W<u>e</u>cker, der, -	alarm clock	Entschuldigung, aber mein Wecker ist kaputt.
kap<u>u</u>tt	broken, not working	Entschuldigung, aber mein Wecker ist kaputt.
verg<u>e</u>ssen, verg<u>e</u>ssen	(to) forget	Tut mir Leid, ich habe den Termin vergessen.

6 Zeit systematisch, trennbare Verben, Verneinung

6 2 *lyrisch*	lyrical	
Konjugati<u>o</u>n, die, -en	conjugation	Die Konjugation von „sein": ich bin, du bist, ...
P<u>a</u>nne, die, -n	breakdown	Wir hatten eine Panne. Das Auto ist jetzt kaputt.
<u>ei</u>nfach	simple, simply	Sie hatte einfach kein Glück.

6 **3**	**ei̱nkaufen**	(to) go shopping (for), (to) buy	+ Was kaufst du ein? – Cola, Kaffee und Tee.
	a̱nfangen, a̱ngefangen	(to) start	+ Wann fängt die Schule wieder an? – Am Montag.
	mi̱tkommen, mi̱t- gekommen	(to) come with/along	+ Kommst du mit ins Kino? – Nein, das passt mir nicht.
6 **4**	**a̱bsagen**	(to) cancel	Der Lehrer sagt den Kurs heute ab.

7 Zeitpläne und Pünktlichkeit

	Ze̱itplan, der, "-e	schedule	Machen Sie einen Zeitplan: Wann lernen Sie Deutsch?
	*Pü̱nktlichkeit, die, **	punctuality	
	Pla̱n, der, "-e	plan	Machen Sie einen Plan für jeden Tag.
	Ü̱bungszeit, die, -en	practice/exercise time	Übungszeit heute von zwölf bis zwei
	o̱ft	often	Ich mache oft Fotos.
	be̱sser als	better than	Kurz üben und oft üben ist besser als viel lernen an einem Tag.
7 **2** a	**pü̱nktlich** ≠ u̱npünktlich	punctual, on time	Er ist nie pünktlich, er ist immer zu spät.
	bea̱ntworten	(to) answer	Beantworten Sie bitte die Fragen.

Party, die, -s	party	Am Samstag gehe ich zu einer Party.
7 2 b denken, gedacht	(to) think	Ich liebe dich. Ich muss immer an dich denken.
Deutsche, der/die, -n	German	Sind die Deutschen so pünktlich?
glauben	(to) believe	Ich glaube, Hans und Ute passen nicht zusammen.
Bahn, die, -en	train, railway	die Bahn = Zug
Fahrplan, der, "-e	(train/bus *etc.*) schedule	+ Wann kommt der Zug? – Es steht im Fahrplan.
meistens	mostly, usually	Meistens kommt er pünktlich.
manchmal	sometimes	Der Zug hat manchmal Verspätung.
fast	almost	Die Lehrerin ist fast immer pünktlich.
erst	only, not before	Der Kurs beginnt heute erst um zehn.
genauso	precisely as, exactly as	Das ist genauso wichtig.
Europäer/in, der/die, -/-nen	European	Franzosen, Deutsche, Polen sind Europäer.

Übungen

Ü4	**Suppe,** die, -n	soup	Wir essen heute Suppe.
Ü10	**Fest,** das, -e	celebration, party	An meinem Geburtstag mache ich ein Fest.
	August, der, *	August	Der August war sehr heiß.
	Yoga, das, *	yoga	
	Klasse, die, -n	class	Die Klasse ist groß: 22 Studenten.
Ü14	*joggen*	(to) go jogging	Sie joggt jeden Tag drei Kilometer.

6 Orientierung

Weg, der, -e	way	nach dem Weg fragen
Verkehrsmittel, das, -	means of transportation	Verkehrsmittel: Zug, Fahrrad ...
unter	under	Deine Brille liegt unter der Zeitung.
neben	beside	Die Tasche liegt neben dem Regal.
vor	in front of	Die Lehrerin steht vor der Tafel.

hinter	behind	Der Stuhl steht hinter dem Tisch.
Ordnungszahl, die, -en	ordinal number	Ordnungszahlen: erster, zweiter, ...

1 Arbeiten in Leipzig

1 1

Verlagskaufmann/-frau, der/die, "-er/-en	managerial staff in the marketing department of a publishing house	Frau Fiedel arbeitet als Verlagskauffrau.
Verlagshaus, das, "-er	publishing house	
Verlag, der, -e	publisher	Cornelsen ist ein Verlag für Schulbücher.
Viertelstunde, die, -n	quarter of an hour	Sie fährt eine Viertelstunde mit dem Zug.
Straßenbahn, die, -en	tram	Die Straßenbahn fährt bis 23 Uhr.
Aldi	Aldi *(discount grocery chain)*	+ Wo kaufst du ein? – Oft bei Aldi.
Hauptbahnhof, der, "-e	main station	Ich fahre mit dem Zug bis Frankfurt Hauptbahnhof.
Bahnhof, der, "-e	station	Der Bahnhof ist neu.
halber, halbes, halbe	half	Er fährt eine halbe Stunde zur Arbeit.
Buchhandlung, die, -en	bookshop	In der Buchhandlung gibt es nicht nur Bücher.

Stadtzentrum, das, *Pl.:* -zentren	city centre	Die Buchhandlung ist im Stadtzentrum.
Stadtverkehr, der, *	city traffic	
Wortfeld, das, -er	word field	Sammeln Sie Wörter zum Wortfeld „Stadt".
Hotel, das, -s	hotel	Im Stadtzentrum gibt es viele Hotels.
1 4 zu Fuß gehen	(to) go on foot, (to) walk	Herr Bohn geht zur Arbeit zu Fuß.
Bus, der, -se	bus	Alina fährt mit dem Bus zum Kurs.
U-Bahn, die, -en	subway	In Berlin gibt es eine U-Bahn.
Sprachkurs, der, -e	language course	Der Sprachkurs fängt am Montag um neun Uhr an.

2 Im Verlagshaus

2 1 Etage, die, -n	storey, floor	Das Haus hat vier Etagen.
Erdgeschoss, das, -e	ground floor	Das Institut ist im Erdgeschoss.
unten	downstairs	Unten, im Erdgeschoss, ist der Empfang.
Empfang, der, *	reception	Fragen Sie am Empfang.

Einheit 6

Kantine, die, -n	canteen	Die Sekretärin isst in der Kantine. Der Chef auch.	
online	online	+ Bist du online? – Nein, mein Computer geht nicht.	
Redaktion, die, -en	editorial department	Die Redaktionen sind in der ersten Etage.	
Redakteur/in, der/die, -e/-nen	editor	Die Redakteure arbeiten am Computer.	
Konferenzraum, der, "-e	conference room		
Marketing, das, *	marketing		
Chef/in, der/die, s/-nen	boss	Der Chef ist in der dritten Etage im Konferenzraum.	
2 2 **Werbung,** die, *	publicity, marketing department	Der Verlag macht Werbung für das Buch.	
2 5 **Abteilung,** die, -en	department	Die Marketing-Abteilung ist in der zweiten Etage.	
2 6 *Personalabteilung,* die, -en	personnel department		
Sekretariat, das, -e	secretary's office	Bitte melden Sie sich im Sekretariat an.	
Parkplatz, der, "-e	parking lot	Der Parkplatz ist hinter dem Verlagshaus.	
2 7 *Vertriebsleiter/in,* der/die, -/-nen	marketing manager		
Feld, das, -er	field	Kreuzen Sie in jedem Feld Zahlen an.	

3 *Wo ist mein Terminkalender?* Präpositionen + Dativ

Terminkalender, der, - agenda, appointment calendar

Kalender, der, - calendar Ich notiere den Termin im Kalender.

3❶ Wand, die, "-e wall An der Wand sind Fotos aus dem Urlaub.

3❷ hängen, gehangen (to) hang Das Bild hängt an der Wand.

liegen, gelegen (to) lie, (to) be (somewhere) Das Buch liegt auf dem Tisch.

3❸ Monitor, der, -e monitor Der Computer ist alt, der Monitor aber ist neu.

CD-ROM, die, -s CD-ROM Das ist eine CD-ROM zum Deutsch-lernen.

Drucker, der, - printer Der Drucker hat kein Papier.

Tastatur, die, -en keyboard Ich finde das „ñ" nicht auf der Tastatur.

Maus, die, "-e (Computer) (computer) mouse

3❹ Theaterkarte, die, -n theatre ticket + Wo sind die Theaterkarten?
– In der Tasche.

Autoschlüssel, der, - car key Ich finde die Autoschlüssel nicht!

Brille, die, -n	glasses	Ich brauche eine neue Brille.
Handtasche, die, -n	handbag, purse	Die Handtasche ist auf dem Stuhl.
3**5** **kalt,** kälter, am kältesten	cold, colder, coldest	Brr – ist das kalt!
heiß	hot	Der Tee ist sehr heiß.

4 Termine machen

4**1** b *Telefonat, das, -e*	telephone call	
4**3** **Mai,** der, *	May	Im Mai ist es meistens nicht sehr heiß.
Geburtstag, der, -e	birthday	Zu meinem Geburtstag mache ich eine Party.
4**4** **geboren** (sein)	(to be) born	Ich bin am 1.10.1982 geboren.
Geburtstagskalender, der, -	birthday calendar	

5 Die Stadt Leipzig

| 5**1** **Thema,** das, *Pl.:* Themen | theme, topic | Das Thema heute ist „Wörter lernen". |
| **besuchen** | (to) visit | Wir besuchen Dresden im Mai. |

Gro͜ßstadt, die, "-e	big city	Leipzig ist eine Großstadt mit Tradition.
Traditi͜on, die -en	tradition	Leipzig ist eine Großstadt mit Tradition.
stạttfinden, stạttgefunden	(to) take place	Heute findet der Deutschkurs nicht statt.
Mẹsse, die, -n	trade fair, exhibition	Leipzig ist auch eine Messestadt.
berühmt	famous, well-known	Goethe ist sehr berühmt.
Dịchter/in, der/die, -/-nen	poet	Schiller war Dichter.
Komponịst/in, der/die, -en/-nen	composer	Bach war Komponist und Kantor.
Kạntor, der, -en	cantor	Bach war Komponist und Kantor.
Kịrche, die, -n	church	Welche Kirche steht in Köln?
dirigi͜eren	(to) direct (music)	Sie dirigiert ein Bach-Konzert im Gewandhaus.
Industri͜e, die, -n	industry	
Hạndel, der, *	trade	
gạnzer, gạnzes, gạnze	whole	Hier studieren Studenten aus der ganzen Welt.
Wẹlt, die, -en	world	Hier studieren Studenten aus der ganzen Welt.

Besucher/in, der/die, -/-nen	visitor	Besucher kommen aus der ganzen Welt.
Geschäft, das, -e	shop, store, business	Im Stadtzentrum gibt es viele Geschäfte.
einladen, eingeladen	(to) invite	Ich möchte Sie zu einem Kaffee einladen.
bummeln	(to) stroll, wander, meander	Komm, wir bummeln durch Leipzig!
Musikfan, der, -s	music fan	
Sinfonie, die, -n	symphony	Die Sinfonien von Beethoven sind fantastisch.
Gewandhaus, das, "-er	Gewandhaus *(concert hall in Leipzig)*	
März, der, *	March	+ Wann ist die Messe? – Im März.
Buchmesse, die, -n	book fair	Wir fahren zur Buchmesse nach Leipzig.
Tipp, der, -s	tip	
wenn	when, if	Wenn Sie Leipzig besuchen, fahren Sie mit dem Zug.
zählen zu	(to) be counted among	
5 2 b *Kinofilm, der, -e*	movie, film	Der Kinofilm beginnt um 22 Uhr.

Übungen

Ü1	*Medizin, die, -en*	medicine	Sie studiert Medizin.
	Krankenhaus, das, "-er	hospital	Ich besuche ihn im Krankenhaus.
	S-Bahn, die, -en	urban train	Sie fahren mit der S-Bahn zur Arbeit.
	Uni-Klinik, die, -en	university hospital	+ Welches Krankenhaus? – Die Uni-Klinik.
	Gewandhausorchester, das, -	Gewandhaus orchestra	
Ü2	**Taxi,** das, *Pl.:* Taxen	taxi	Fahren wir mit dem Taxi zur Oper?
Ü9	**Dezember,** der, *	December	Im Dezember ist es meistens kalt.
Ü10	**Feiertag,** der, -e	holiday	Der 3. Oktober ist in Deutschland ein Feiertag.
	Karfreitag, der, -e	Good Friday	
	Ostermontag, der, -e	Easter Monday	
	Pfingstmontag, der, -e	Monday after Pentecost	
	Tag der deutschen Einheit	Day of German Unity	der 3. Oktober

7 Berufe

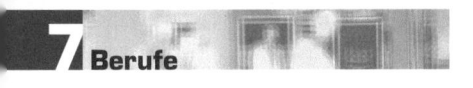

Tätigkeit, die, -en	activity	
Statistik, die, -en	statistics	Werten Sie die Statistik aus.

1 Was machen Sie beruflich?

1 **beruflich**	professionally, *here:* What do you do?	+ Was machen Sie beruflich? – Ich bin Lehrerin.
Bankangestellte, der/die, -n	bank clerk	Clara arbeitet in einer Bank. Sie ist Bankangestellte.
Automechaniker/in, der/die, -/-nen	car mechanic	Er arbeitet bei VW. Er ist Automechaniker.
Programmierer/in, der/die, -/-nen	programmer	Peter arbeitet bei IBM. Er ist Programmierer.
Kellner/in, der/die, -/-nen	waiter/waitress, server	Sie arbeitet in einem Café. Sie ist Kellnerin.
Taxifahrer/in, der/die, -/-nen	taxi driver	Sie ist Ärztin, aber sie arbeitet als Taxifahrerin.
Krankenschwester, die, -n	nurse	In dem Krankenhaus arbeiten viele Ärzte und Krankenschwestern.
Bäcker/in, der/die, -/-nen	baker	Morgens gehe ich immer zum Bäcker.

1 **2**	**arbeiten** (als)	(to) work (as)	Dr. Götte arbeitet als Programmierer.
1 **4**	**bringen,** gebracht	(to) bring, (to) take	Bringen Sie mich zum Bahnhof.
	Geld, das, -er	money	Karl verdient sein Geld als Informatiker.

2 Berufe und Tätigkeiten

2 **1**	*Berufsbezeichnung, die, -en*	job title	
	Endung, die, -en	ending	Feminine Berufsbezeichnungen haben meistens die Endung „-in".
	Krankenpfleger/in, der/die, -/nen	nurse	Krankenpfleger arbeiten oft in Krankenhäusern.
	Hausmann/-frau, der/die, "-er/-en	stay-at-home husband, housewife	Olaf geht nicht arbeiten, er ist Hausmann.
2 **2**	**tun,** getan	(to) do	Es gibt viel zu tun.
	reparieren	(to) repair	Der Automechaniker repariert Autos.
	unterrichten	(to) teach	Die Lehrerin unterrichtet Deutsch.
	verkaufen	(to) sell	Herr Scholz ist Verkäufer. Er verkauft Schuhe.

Einheit 7

Schuh, der, -e	shoe	Herr Scholz ist Verkäufer. Er verkauft Schuhe.
Werkstatt, die, "-en	workshop	Mein Auto ist kaputt. Es ist in der Werkstatt.
schneiden, geschnitten	(to) cut	Ein Frisör schneidet Haare.
Haar, das, -e	hair	Ein Frisör schneidet Haare.
Schuhgeschäft, das, -e	shoe shop	Herr Scholz arbeitet in einem Schuhgeschäft.
Computerprogramm, das, -e	computer program/application	Das Computerprogramm ist nicht teuer.
untersuchen	(to) examine	Ein Arzt untersucht Patienten.
Patient/in, der/die, -en/-nen	patient	Ein Arzt untersucht Patienten.
Frisörsalon, der, -s	hair salon	Er ist Frisör und hat einen Frisörsalon.
Mechaniker/in, der/die, -/-nen	mechanic	Die Maschine ist kaputt. Die Mechanikerin repariert sie.
Maschine, die, -n	machine, *here:* car	Die Maschine ist kaputt. Die Mechanikerin repariert sie.
Verkäufer/in, der/die, -/-nen	salesperson	Der Verkäufer ist unfreundlich.
Ding, das, -e	thing	Ich sehe die Dinge so wie sie sind.

2 3 a *Visitenkarte, die, -n*	calling card, business card	Lesen Sie die Visitenkarten.
Firma, die, *Pl.:* Firmen	firm, company	+ Wo arbeiten Sie? – Bei der Firma PST.
2 3 c *übergeben, übergeben*	(to) hand over	Übergeben Sie Ihre Visitenkarten.
tauschen	(to) exchange	Tauschen Sie die Visitenkarten.
2 5 *Software-Lösung, die, -en*	software solution	
Lösung, die, -en	solution	Es gibt keine Lösung für das Problem.

3 Neue Berufe

3 1 *Call-Center, das, -*	call-centre	
Kollege/Kollegin, der/die, -n/-nen	colleague	Das ist mein Kollege / meine Kollegin. Wir arbeiten zusammen.
sitzen, gesessen	(to) sit	Herr und Frau Schmidt sitzen im Café.
beraten, beraten	(to) advise, (to) counsel	Pia arbeitet in einem Call-Center und muss Kunden beraten.
Kunde/Kundin, der/die, -n/-nen	customer, client	Der Frisör hat viele Kunden.

Einheit 7

informieren (jdn)	(to) inform	Sie informiert die Kunden über Flugzeiten.
Flugzeit, die, -en	flight time	Sie informiert sie über Flugzeiten und reserviert Flugtickets.
reservieren	(to) reserve	Sie reserviert Flugtickets für ihre Kunden.
Flugticket, das, -s	flight ticket	
freundlich	friendly	Unser Lehrer ist immer freundlich.
leicht (1)	light, easy	Diese Aufgabe ist nicht schwer, sie ist leicht.
Arbeitszeit, die, -en	workday, working hours	Die Arbeitszeit ist von neun bis 17.30 Uhr.
flexibel	flexible	Unsere Arbeitszeit ist flexibel.
Wochenende, das, -n	weekend	Am Wochenende schlafe ich viel.
wenig	little, not much	Am Wochenende muss ich oft arbeiten und habe wenig Zeit.
Tochter, die, "	daughter	Im März heiratet meine Tochter.
Haushalt, der, -e	housekeeping	Wir machen den Haushalt zusammen.
stundenlang	for hours and hours	Meine Tochter telefoniert stundenlang.
allein	alone	Ich habe keine Freunde. Ich bin oft allein.

stimmen	(to) be right	8 mal 7 ist 56. Ja, stimmt.
3 **2** *Fitness-Studio, das, -s*	fitness studio	Silke ist Trainerin in einem Fitness-Studio.
Trainer/in, der/die, -/-nen	trainer	Silke ist Trainerin in einem Fitness-Studio.
<u>lei</u>ten	(to) lead, (to) manage	Sie leitet das Studio seit sechs Monaten.
Aerobic-Kurs, der, -e	aerobics course	
Mitglied, das, -er	member	Sie muss die Mitglieder beraten und die Kurse organisieren.
organisieren	(to) organize	Sie muss die Mitglieder beraten und die Kurse organisieren.
Animateur, der, -e	animator, recreation coordinator, holiday entertainer	Sie arbeiten als Animateure in einem Sportclub in Spanien.
Club, der, -s	club	
Chance, die, -n	chance, prospect	Das ist unsere Chance! Da können wir viel Geld verdienen.
Showprogramm, das, -e	show program	Wir müssen das Showprogramm noch organisieren.
planen	(to) plan	Sie ist Lehrerin. Sie plant ihren Unterricht abends.
Kaufmann/Kauffrau, der/die, Pl.: Kaufleute	managerial assistant, business-person, marketing assistant	+ Was machen Sie beruflich? − Ich bin Kauffrau in einem Verlag.

Einheit 7

3 3	**Flu̲gzeug,** das, -e	airplane	Wir fliegen mit dem Flugzeug von Berlin nach Tallinn.
3 4	**ni̲e**	never	Man soll nie nie sagen.
	Fabri̲k, die, -en	factory	Er arbeitet in einer Fabrik.
	Ti̲er, das, -e	animal	Sie arbeitet im Zoo mit Tieren.
	frü̲h	early	Heute fangen wir früh an, morgen spät ...
	Ha̲nd, die, "-e	hand, *here:* (to shake) hands	Peter gibt der Chefin zur Begrüßung die Hand.
	verdi̲enen	(to) earn	Das ist ein guter Job und man verdient viel Geld.
	A̲rbeitslosigkeit, die, *	unemployment	Viele Menschen haben keine Arbeit. Die Arbeitslosigkeit ist hoch.
	a̲rbeitslos	unemployed	Paul hat keine Arbeit. Er ist arbeitslos.
	A̲rbeitsagentur, die, -en	employment agency	Die Arbeitsagentur hilft bei der Suche nach Arbeit.
	Su̲che, die, -n	search	Die Arbeitsagentur hilft bei der Suche nach Arbeit.
	A̲rbeitsmarkt, der, "-e	job market	
	A̲rbeitslose, der/die, -n	unemployed person, the unemployed	Arbeitslose bekommen Geld von der Arbeitsagentur.

4 Satzklammer

4 2 | **Ferien,** *Pl.* | holidays, vacation | Wir machen Ferien zu Hause.

Sohn, der, "-e | son | Sie haben zwei Söhne, Ralf und Michael.

Kindergarten, der, " | kindergarten | Ihre Kinder sind im Kindergarten.

bringen, gebracht | (to) bring | Sie bringt ihre Kinder um acht Uhr.

abholen | (to) fetch, (to) pick up | Mein Freund holt mich nach dem Kurs ab.

Fußballtraining, das, -s | football training | Jeden Samstag gehe ich zum Fußballtraining.

Training, das, -s | training | Das Training beginnt um 19.30 Uhr.

fernsehen, ferngesehen | (to) watch TV | Mein Tagesablauf: Schule, Hausaufgaben, fernsehen, schlafen.

5 Artikelwörter im Akkusativ

5 2 | **Bruder,** der, " | brother | Ich habe zwei Brüder: Florian und Klaus.

5 3 | **Koffer,** der, - | suitcase | Wir machen Urlaub. Wir müssen noch die Koffer packen.

einpacken | (to) pack | Ich packe meine Bücher ein.

5 4 | **hassen** | (to) hate | Hanna hasst Hausaufgaben.

Berufstätige, der/die, -n | employed person/people | Viele Berufstätige lieben ihren Job.

Ü3	*Mechaniker/in, der/die, -/-nen*	mechanic	Ich bin Mechaniker und meine Freundin ist Programmiererin.
Ü4	*Arbeitsplatz, der, "-e*	workplace	
	Titel, der, -	title	Sein Titel ist Dr. med.
	Chefarzt/ärztin, der/die, "-e/-nen	head physician, hospital department head	Er ist Chefarzt in einem Krankenhaus in Tübingen.
Ü6	**privat**	private(ly), personally, outside of work	Wir arbeiten zusammen und wir machen auch privat viel zusammen.
Ü10	*Lieblingsberuf, der, -e*	favourite job	
	Stelle, die, -n	position, job	Er sucht eine Stelle in einem Verlag.
	jung, jünger, am jüngsten	young, younger, youngest	jung ≠ alt
	Elektriker/in, der/die, -/-nen	electrician	Der Elektriker repariert die Lampe.
Ü11	*Schere, die, -n*	(pair of) scissors	Ich brauche eine Schere und etwas Papier.

8 Berlin sehen

durch	through	Wir fahren durch die Stadt.
Reise, die, -n	trip	Die Reise nach Berlin war sehr schön.
vorbei	past	Der Bus fährt an der Universität vorbei.
wollen	(to) want	Wir wollen Berlin besuchen.

1 Mit der Linie 100 durch Berlin

1 **1**	**Linie,** die, -n	(bus) line/route	Die Buslinie 21 fährt ins Stadtzentrum.
1 **2**	*Exkursion, die, -en*	excursion	Die Studenten machen eine Exkursion nach Berlin.
	Busplan, der, "-e	bus schedule	+ Wann fährt der Bus? – Lesen Sie den Busplan.
	Haltestelle, die, -n	bus stop	Die Haltestelle ist neben dem Bahnhof.
	Programm, das, -e	program	Das Programm in Berlin war sehr interessant.
	Spaziergang, der, "-e	walk, stroll	Machen wir einen Spaziergang im Park?
	Regierung, die, -en	government	
	Viertel, das, -	quarter, district	Das Regierungsviertel ist sehr interessant: der Reichstag, das Bundeskanzleramt, ...
	Parlament, das, -e	Parliament	

Einheit 8

besichtigen	(to) visit	Die Studenten besichtigen den Reichstag.
Flohmarkt, der, "-e	flea market	Gehen wir am Sonntag auf den Flohmarkt?
Hit, der, -s	hit	Ein Hit ist die Fahrt mit dem Bus.
Fahrt, die, -en	ride, trip	Die Fahrt mit dem Bus durch die Stadt war ein Hit.
Stadtrundfahrt, die, -en	city tour	Die Stadtrundfahrt ist billig.
beliebt (sein)	well-loved	Die Fahrt mit dem Bus 100 ist sehr beliebt.
Reihe, die, -n	row	Die erste Reihe oben im Bus ist sehr beliebt.
fotografieren	(to) take pictures	= Fotos machen
1 3 *Route, die, -n*	route	
Botschaft, die, -en	embassy	Also, ich arbeite bei der Botschaft von Polen.
Schloss, das, "-er	castle, palace	In Heidelberg gibt es ein Schloss.
Dom, der, -e	cathedral	
Galerie, die, -n	gallery	
Exkursionsprogramm, das, -e	excursion program	

Abfahrt, die, -en	departure	+ Wann ist die Abfahrt morgen? – Um 8.30 Uhr.
Busbahnhof, der, "-e	bus depot/station	Der Busbahnhof ist neben dem Bahnhof.
Ankunft, die, "-e	arrival	Die Ankunft in Berlin ist um 14 Uhr.
Stadtbummel, der, -	stroll through the city	Nach der Ankunft am Nachmittag machen wir einen Stadtbummel.

2 Orientierung systematisch

2❶ **Nachmittag,** der, -e	afternoon	Am Nachmittag machen wir einen Stadt- bummel durch Mitte.
wo geht's zu(m/r)	Which way to …?	+ Entschuldigung, wo geht's zur Wilhelm- straße? – Gehen Sie hier geradeaus.
wissen, gewusst	(to) know	Wissen Sie, wie spät es ist?
weit	far	Entschuldigung, wie weit ist es bis Berlin?
geradeaus	straight on, straight ahead	Entschuldigung, wo geht's zur Wilhelm- straße? – Gehen Sie hier geradeaus.
entlang	along	Gehen Sie die Straße entlang bis zur zweiten Querstraße.
Querstraße, die, -n	side street	Gehen Sie die Straße entlang bis zur zweiten Querstraße.
Vielen Dank!	Thanks a lot!	+ Bitte schön, Ihr Kaffee. – Vielen Dank!

2 2	**wohin**	where (to)	+ Wohin geht ihr heute Nachmittag?
			– Wir gehen ins Museum.
2 4	*Silbenende, das, -n*	end of a syllable	Aussprache „r" am Silbenende.
2 5	***Wegbeschreibung,** die, -en*	directions of how to get somewhere	Ich habe eine Wegbeschreibung.
	Beschreibung, die, -en	description	Du bekommst eine Beschreibung von dem Weg.
	Stadttor, das, -e	city gate	+ Kennst du das Stadttor in Potsdam? – Nein.
	Kreuzung, die, -en	intersection, crossing	Der Bahnhof? Gehen Sie bis zur Kreuzung, dann links.
	Geht's hier zu(r/m) ...?	Is this the way to ...?	+ Geht's hier zum Theater? – Gehen Sie hier geradeaus bis zur Ampel.
	Brücke, die, -n	bridge	Zum Bahnhof? Gehen Sie über die Brücke, dann rechts.
	Ampel, die, -n	traffic light	An der Ampel biegen Sie links ab.
	danach	after that	Erst gehen wir essen. Danach gehen wir ins Kino.
	vorbeigehen (an etw.), vorbeigegangen	(to) go past	Gehen Sie an der Kirche vorbei. Dann sehen Sie die Buchhandlung.
2 6 a	**Notiz,** die, -en	note(s)	Machen Sie Notizen im Heft.
2 7	**immer schneller**	more and more quickly, faster and faster	Sprechen Sie zuerst langsam und dann immer schneller.
	Ampelkreuzung, die, -en	intersection with a traffic light	

manche	some	Manche Kreuzungen haben keine Ampel.
meinen	(to) think	Du meinst, das ist leicht? Das glaube ich nicht.
verwechseln	(to) confuse	Er verwechselt oft links und rechts.
Irrtum, der, Pl.: Irrtümer	fallacy, mistake	Das kann nicht sein. Das ist ein Irrtum.
2 8 **Kamera,** die, -s	camera	Ich fotografiere viel mit meiner Kamera.

3 Wohin gehen die Touristen?

3 1 **laufen,** gelaufen	(to) walk	Die Touristen laufen den ganzen Tag durch die Stadt.
Fußgängerzone, die, -n	pedestrian zone	In einer Fußgängerzone fahren keine Autos.
Messegelände, das, -	fairgrounds, exhibition grounds	
Stadion, das, Pl.: Stadien	stadium	Die Touristen fahren zum Stadion.
Touristeninformation, die, -en	tourist information	Wo ist hier die Touristeninformation, bitte?
3 2 *Orientierungsspiel, das, -e*	orientation game	Das Orientierungsspiel hilft, Wegbeschreibungen zu üben.
3 3 **Ziel,** das, -e	goal	Mein Ziel heute? 20 Vokabeln lernen.
Schwimmbad, das, "-er	swimming pool	Es ist heiß. Gehen wir ins Schwimmbad?

Einheit 8

95

4.1

super	great, super	Die Studentin findet Berlin super.
Spaß, der, *hier:* viel Spaß	fun	Wir hatten in Berlin viel Spaß.
gefallen, gefallen (etw. jdm)	(to) appeal to	Berlin gefällt ihr.
toll	great	Der Urlaub dieses Jahr war toll.
Studium, das, Pl.: Studiengänge	(course of) studies	Nach der Schule mache ich ein Studium.
Berliner/in, der/die, -/-nen	Berliner	
bald	soon	Bis bald.
wieder	again	Ich fahre bald wieder nach Berlin.
interessieren (sich für + *Akk.*)	(to) be interested (in)	Sie interessieren sich besonders für Architektur.
Architektur, die, -en	architecture	Sie interessieren sich besonders für Architektur.
klassisch	classic(al)	
mieten	(to) rent, hire, lease	Mieten wir ein Auto in Berlin?

unterwegs	out and about	Ich bin den ganzen Tag in der Stadt unterwegs.
sportlich	athletic, sportive	Sie ist sehr sportlich. Sie joggt jeden Tag.
4 2 a *cool*	cool	Hi, dein Outfit ist cool.
feiern	(to) celebrate	Frau Gutmuts feiert heute ihren 25. Geburtstag.
Schade!	Too bad!	Du warst nicht hier. Schade!
4 2 b *Theaterbesuch, der, -e*	visit to the theatre	
Regierungsviertel, das, -	area where there are many government buildings	Wir bummeln durch das Regierungsviertel.
Freizeit, die, *	free time, leisure time	In ihrer Freizeit gehen sie oft schwimmen.
thematisch	thematic(ally)	Das ist eine thematische Stadtführung. Es geht um jüdische Kultur.
Stadtführung, die, -en	city tour	Die Stadtführung war sehr schön.
jüdisch	Jewish	die jüdische Kultur in Berlin
Parade, die, -n	parade	Heute ist Christopher-Street-Day. Gehst du zur Parade?
Rückfahrt, die, -en	return trip	Die Rückfahrt nach Jena ist um 14 Uhr.
4 3 *Internetrallye, die, -s*	Internet Rally	

| *virtuell* | virtual | Machern Sie eine virtuelle Stadtrundfahrt im Internet. |
| *Stadtviertel, das, -* | city quarter | Mitte ist ein Stadtviertel in Berlin. |

Übungen

Ü**1** a *Suchrätsel, das, -*	word-search puzzle	Finden Sie fünf Wörter im Suchrätsel.
Rätsel, das, -	puzzle	Kannst du das Rätsel lösen?
Markt, der, "-e	market	Wir kaufen auf dem Markt ein.
abfahren, abgefahren	(to) depart	Wir fahren morgen um neun Uhr ab.
Ü**2** **Ruhe,** die, * (etw. in Ruhe tun)	peace, *here:* in peace and quiet	Wir sehen uns alles in Ruhe an.
etwa	about, around, approximately	Der Kursraum hat etwa 35 Quadratmeter.
Ü**5** *in der Nähe*	close	Der Flohmarkt ist nicht weit. Er ist in der Nähe.
Ü**10** b **zu Ende** (sein)	finished, *here:* finish	Peter macht die Hausaufgaben heute Abend zu Ende.
Ü**11** **tanzen**	(to) dance	Die Studenten tanzen in der Disco.
Ausstellung, die, -en	exhibition	Wir besuchen eine Picasso-Ausstellung.

1 Berufsbilder

1 ■ a *produzieren*	(to) produce, (to) manufacture, (to) make	Die Firma produziert Teddybären und Stofftiere.
Teddybär, der, -en	teddy bear	Die Firma produziert Teddybären und Stofftiere.
Stofftier, das, -e	stuffed animal	Die Firma produziert Teddybären und Stofftiere.
typisch	typical	Der Teddybär ist ein typisches Produkt von Steiff.
Telefonate führen	(to) make telephone calls	Die Sekretärin muss viele Telefonate führen.
senden	(to) send	Sie sendet jeden Tag Faxe.
buchen	(to) book	Sie muss auch Hotelzimmer buchen.
Besprechung, die, -en	meeting	+ Wann ist die Besprechung mit dem Chef? – Um elf Uhr.
betreuen	(to) look after, (to) take care of	Sie betreut Gäste aus vielen Ländern.
Gast, der, "-e	guest	Sie betreut Gäste aus vielen Ländern.
Fremdsprachenkenntnisse, Pl.	knowledge of foreign languages	Fremdsprachenkenntnisse sind wichtig für die Karriere.

Karriere, die, -n	career	Fremdsprachenkenntnisse sind wichtig für die Karriere.
1 2 *Stichwort, das, "-er*	keyword	Notieren Sie die Stichwörter.
1 3 a *Meister, der, -*	master	Er ist Automechaniker und Meister in einem Audi-Werk.
Azubi, der/die, -s (Kurzform von Auszubildende/r)	apprentice, trainee, student	Sie ist Azubi bei Audi.
Service, der, *	service	Er macht den Service für alle Audi-Modelle.
Modell, das, -e	model	Er macht den Service für alle Audi-Modelle.
Diagnose, die, -n	diagnosis	Seine Aufgaben: Diagnose, Termine machen, ...
Diskussion, die, -en	discussion, argument	Manchmal gibt es Diskussionen mit den Kunden über die Kosten.
Kosten, Pl.	costs	Manchmal gibt es Diskussionen mit den Kunden über die Kosten.
1 3 c *Reparatur, die, -en*	repair	Die Reparatur ist nicht immer billig.
vielleicht	maybe	Vielleicht ist es der Motor.
Motor, der, -en	motor	Der Motor ist kaputt.

2 Wörter, Spiele, Training

2 1 a *erledigen*   (to) see to, (to) attend to   Ich komme heute später. Ich muss noch viel erledigen.

Arzthelfer/in, der/die, -/-nen   doctor's assistant   Die Arzthelferin arbeitet von acht bis 17 Uhr.

Vormittag, der, -e   morning   Am Vormittag kommen viele Patienten.

klingeln   (to) ring   Das Telefon klingelt sehr oft.

2 3 *Software, die, -s*   software   Wir haben oft Probleme mit der Software.

Speisekarte, die, -n   menu   Der Wein steht nicht in der Speisekarte.

kassieren   (to) take (the money)   Die Kellnerin kassiert das Geld.

2 4 b *falsch*   wrong   falsch ≠ richtig; Die Antwort ist falsch.

Ball, der, "-e   ball   Der Ball ist im Tor. Eins zu Null.

Tor, das, -e   goal   Der Ball ist im Tor. Eins zu Null.

usw. (= und so weiter)   and so on

2 5 a *Blatt, das, "-er*   sheet (of paper)   Schreiben Sie drei Wörter auf ein Blatt Papier.

3 Grammatik und Selbstevaluation

3**1**	*Ärztehaus, das, "-er*	medical building	Im Ärztehaus arbeiten viele Ärzte und Ärztinnen.
3**3**	*nachdenken (über), nachgedacht*	(to) think about	Wir denken über den Deutschkurs nach.

4 Phonetik intensiv

4**1**	*Post, die, ***	post office	Wo geht's hier zur Post?
	Karten spielen	(to) play cards	Wir spielen jeden Sonntagnachmittag Karten.
	Flasche, die, -n	bottle	Eine Flasche Ketchup, bitte.
	Fliege, die, -n	fly	Die Fliege sitzt auf der Lampe.
	fliegen, geflogen	(to) fly	Die Fliege fliegt durchs Zimmer.
	*Blaukraut, das, ***	red cabbage	
	Brautkleid, das, -er	bride's dress	

5 Videostation 2

5**1**	*korrigieren*	(to) correct	Korrigieren Sie die Sätze.

ankommen, angekommen	(to) arrive	Der Zug kommt in fünf Minuten an.
Tante, die, -n	aunt	Meine Tante lebt in Köln.
übernachten	(to) stay overnight, (to) spend the night	Sie übernachtet in einem Hotel.
4 2 *einsteigen, eingestiegen*	(to) board, (to) get on	Katja steigt in den Zug ein.
Richtung, die, -en	direction	Fahren Sie in Richtung Innsbrucker Platz.
circa (ca.)	circa, about	Es sind circa drei Stationen.
Station, die, -en	station	Es sind drei Stationen bis zum Nollendorfplatz.

9 Ferien und Urlaub

Urlaub, der, -e	holidays, vacation	Wir machen im Sommer Urlaub.
Unfall, der, "-e	accident	Er beschreibt den Unfall.
regelmäßig ≠ unregelmäßig	regular ≠ irregular	Viele Verben sind regelmäßig.

Einheit 9

1 Urlaub in Deutschland

1 2 *Reiseziel, das, -e*	travel destination	Mein Reiseziel ist Warschau.
Sonne, die, -n	sun	Sonne und Strand: Wer denkt da nicht an Urlaub?
Strand, der, "-e	beach	Sonne und Strand: Wer denkt da nicht an Urlaub?
Meer, das, -e	sea, ocean	Hanna schwimmt am liebsten im Meer.
Urlauber/in, der/die, -/-nen	vacationer	Viele Urlauber fahren ans Meer.
Juli, der, *	July	Viele fahren im Juli in Urlaub.
August, der, *	August	Der August war sehr heiß.
Insel, die, -n	island	Welche Insel ist am größten?
schmal	narrow	schmal ≠ breit; Der Weg ist sehr schmal.
Rad-, Wanderweg, der, -e	bicycle/hiking path	Es gibt viele Rad- und Wanderwege auf Sylt.
Altstadt, die, "-e	old city	Die Altstadt von Heidelberg ist sehr beliebt.
erholen (sich)	(to) recuperate, (to) relax	Viele Urlauber erholen sich in den Bergen.

Berg, der, -e	mountain	Im Allgäu gibt es viele Berge.
wandern	(to) go hiking	Im Urlaub wandern wir jeden Tag.
Besichtigung, die, -en	tour, visit	Das Schloss ist eine Attraktion. Aber eine Besichtigung kostet viel Zeit. ...
Warteschlange, die, -n	queue, line-up	... Es gibt fast immer Warteschlangen.
1 4 **See,** der, -n	lake	+ Wo wart ihr? – Wir waren an einem See in Bayern. Wir waren an der Nordsee.
See, die, *	sea, ocean	
langweilig	boring	Die Theatervorstellung war langweilig.
Wetter, das, *	weather	Das Wetter im Urlaub war prima.
prima	very good, great	+ Wie geht's? – Prima.
schlecht	bad	+ Wie war das Wetter in den Bergen? – Sehr schlecht. Es hat oft geregnet.
regnen (es regnet)	(to) rain (it's raining)	Im Sommer regnet es nicht so viel.
1 5 *Lautdiktat, das, -e*	dictation of sounds	Ein Lautdiktat: langer oder kurzer Vokal?

2 Ein Urlaub – vier Länder

2 2 **Tagebuch,** das, "-er — diary, journal — Familie Mertens schreibt ein Tagebuch.

Juni, der, * — June — Der Sommer beginnt im Juni.

vormittags — in the morning — Vormittags haben wir Unterricht, nachmittags mache ich Hausaufgaben.

Radtour, die, -en — bicycle tour/trip — Ich mache eine Radtour und fahre mit dem Rad von Passau nach Wien.

Tour, die, -en — tour, trip — Die Tour ist heute nur 27 km lang.

Etappe, die, -n — leg, stage — Die erste Etappe ist kurz.

km (= Kilometer) — km (= kilometre) — Bis zum nächsten Ort sind es 50 km.

schaffen — (to) accomplish — Wir haben die erste Etappe geschafft. Jetzt sind wir müde.

mittags — at noon — Mittags essen wir.

Picknick, das, -s — picnic — Wir machen heute ein Picknick im Park.

Pension, die, -en — guesthouse — Wir haben in einer kleinen Pension gewohnt.

übernachten — (to) stay overnight, (to) spend the night — In diesem Hotel können Sie übernachten.

müde — tired — Ich bin müde wie ein Hund.

Bummel, der, -	stroll	Wir haben einen Bummel durch das Stadtzentrum gemacht.
Torte, die, -n	fancy cake	Am Sonntag esse ich nachmittags gern Torte.
probieren	(to) try	Probieren Sie den Kuchen. Er ist sehr gut.
Weiterfahrt, die, -en	continuation of a journey	Nachmittags war Weiterfahrt Richtung Wien.
Richtung, die, -en	(in the) direction (of), toward	Nachmittags war Weiterfahrt Richtung Wien.
Kloster, das, "-er	cloister	Wir haben das Kloster in Melk besichtigt.
Hurra!	Hurrah!	Wir haben es geschafft. 326 km. Hurra!
erreichen	(to) reach	Wir haben das Hotel erst am Abend erreicht.
Riesenrad, das, "-er	Ferris wheel	In Wien gibt es ein Riesenrad.
anschauen	(to) look at, (to) have a look at	Wir haben das Riesenrad im Prater angeschaut.
gastfreundlich	hospitable	
Burg, die, -en	fort, fortress, castle	
Blick, der, -e	view	Der Blick auf die Donau ist toll.
stolz	proud	Wir haben es geschafft. Wir sind sehr stolz.

2 3	*Kombination, die, -en*	combination	
	Reiseführer, der, -	travel guide	Ich kaufe einen Reiseführer für Italien.
2 4	**zelten**	(to) tent	Wir haben in den Bergen gezeltet.
	Städtereise, die, -n	trip to various cities	
	Na klar!	But of course!	+ Kennst du Berlin? – Na klar!
2 5 a	**bilden**	(to) build, (to) form	Bilden Sie nun Vergleichssätze.
	ohne	without	Ohne Wecker wacht Wilhelm nicht auf.
2 5 b	*Satzende, das, -n*	end of a sentence	Das Partizip steht am Satzende.

3   Was ist passiert?

3 2	**fallen,** gefallen	(to) fall	Er ist vom Rad gefallen.
	Straße, die, -n	street	Die Apotheke ist in der Kantstraße.
	Ball, der, "-e	ball	Ohne Ball können wir nicht Fußball spielen.
	plötzlich	suddenly	Plötzlich war ich allein.
	fliegen, geflogen	(to) fly	Viele Flugzeuge fliegen nach Frankfurt.

	Schreck, der, *	shock, fright	Ich bin vom Rad gefallen. Es ist nichts passiert, aber der Schreck war groß.
	verlieren, verloren	(to) lose	Sie hat ihr Deutschbuch verloren.
	Protokoll, das, -e	protocol, report	Die Polizei hat ein Protokoll geschrieben.
	weiterfahren, weitergefahren	(to) continue driving	Soll ich weiterfahren oder fährst du lieber?
3 4	**Oh je!**	Oh, no!	+ Ich bin vom Rad gefallen. – Oh je, ist dir etwas passiert?
	rufen, gerufen	(to) call	Hast du mich gerufen?
3 5 b	**bleiben,** geblieben	(to) stay	Wir sind drei Tage in Wien geblieben.
3 6	**Interview,** das, -s	interview	Hören Sie die Interviews.

4 Urlaubsplanung und Ferientermine

	Planung, die, -en	planning, plans	Wir haben unsere Urlaubsplanung gemacht.
4 1	**Monat,** der, -e	month	Unser Baby ist zwölf Monate alt.
	Monatsname, der, -n	name of a month	Monatsnamen: Januar, Februar, ...
	Weihnachten, das, -	Christmas	Frohe Weihnachten!

Einheit 9

109

Ostern, das (Osterfest), *	Easter	Wann ist Ostern?
Schulferien, *Pl.*	school holidays	Die nächsten Schulferien sind im Sommer.
Januar, der, *	January	Im Januar sind wir Ski gefahren.
Februar, der, *	February	Im Februar ist es immer noch sehr kalt.
April, der, *	April	Der April macht, was er will: mal Sonne, mal Regen.
September, der, *	September	Wir hatten einen schönen September: viel Sonne.
Oktober, der, *	October	Ich habe im Oktober Geburtstag.
November, der, *	November	Der November ist kein schöner Monat.
Dezember, der, *	December	Im Dezember fängt der Winter an.
beachten	(to) take into account	Wir müssen bei der Planung die Ferientermine beachten.
Weihnachtsferien, Pl.	Christmas Holidays	
Winter, der, -	winter	Der Winter ist schön.
Frühling, der, -e	spring	Der Frühling ist eine schöne Jahreszeit.
Herbst, der, -e	fall, autumn	Der Herbst beginnt im September.

Sommer, der, -	summer	Im Sommer sind viele Leute am Strand.
Herbstferien, Pl.	fall vacation	Die Herbstferien sind bei uns im Oktober.
4 ❸ Lied, das, -er	song	Kennen Sie das Lied „Ab in den Süden"?
*Sonnenschein, der, ***	sunshine	Hier gibt es nur Sonnenschein und keinen Regen.
Flieger, der, -	airplane	Flugzeug = Flieger
rein	in	rein ≠ raus
bereitmachen (sich)	(to) get ready	Sie machen sich für den Start bereit.
Zärtlichkeit, die, -en	tenderness	
raus	out	rein ≠ raus
Regen, der, *	rain	Hier gibt es nur Sonnenschein und keinen Regen.
Leben, das, -	life	Ich war in meinem ganzen Leben noch nicht in Australien.
entgegen	toward	Wir fahren der Sonne entgegen.
erleben	(to) experience	Wir haben im Urlaub viel erlebt.

Einheit 9

5 Urlaub mit dem Auto

Autourlauber, der, -	driving vacationer	
Top Ten	top ten	
Attraktion, die, -en	attraction	Schloss Schwanstein ist eine Attraktion für Touristen.
rund (= ungefähr/fast)	around	Das sind rund eine Million Autofahrer.
Urlaubsreise, die, -n	holiday trip	Peter plant seine Urlaubsreise schon ein Jahr vorher.
entscheiden (sich), entschieden	(to) decide	Wir entscheiden uns für das Sofa. Der Sessel ist zu klein.

Übungen

Ü2	**nichts**	nothing	+ Was hast du am Wochenende gemacht? – Nichts.
Ü8	*Segelkurs, der, -e*	sailing course	Ich habe im Urlaub einen Segelkurs gemacht.
Ü9	**gemeinsam:** etw. gemeinsam haben	in common: to have sth. in common	Mein Kollege und ich haben viel gemeinsam.
	weg	away	Wir fahren im Urlaub ganz weit weg.
	exotisch	exotic	Ferien zu Hause sind nicht exotisch.

System, das, -e	system	
letzter, letztes, letzte	last	Letztes Jahr war ich in Spanien. Es war toll.
Zelt, das, -e	tent	Wir haben im Zelt übernachtet.
Ü⑪ **ankommen,** angekommen	(to) arrive	Der Zug ist um zehn Uhr angekommen.

10 Essen und trinken

| **Rezept,** das, -e | recipe | das Rezept verstehen und dann kochen |
| **welcher, welches, welche** | which | Welchen Wochentag haben wir heute? |

1 Lebensmittel auf dem Markt und im Supermarkt

1❶ **Lebensmittel,** das, -	food, groceries	Heute kaufen wir Lebensmittel auf dem Markt ein.
Markt, der, ¨-e	market	Wir haben auf dem Markt eingekauft.
Banane, die, -n	banana	Sie isst jeden Tag eine Banane.

Ẹrdbeere, die, -n	strawberry	Heute gibt es Erdbeeren.
Sie wünschen, bitte?	What would you like?	+ Sie wünschen, bitte? – Fünf Äpfel, bitte.
wünschen	(to) wish, *here:* would like	+ Sie wünschen, bitte?
Ich hätte gern …	I would like …	– Ich hätte gern Bananen.
Bẹrgkäse, der, -	mountain cheese	
Käse, der, -	cheese	Ich esse gern Weißbrot und Käse.
Kịlo (Kịlogramm), das, -s	kilo (kilogram)	Ich hätte gern ein Kilo Äpfel.
Ạpfel, der, "-	apple	Äpfel sind sehr gesund.
Kịrsche, die, -n	cherry	Kirschen essen wir gern.
Tomạte, die, -n	tomato	Die Tomaten sind gut.
Pạprika, die/der, -s	(red/green) pepper	Ich habe zwei Paprika gekauft.
Salạt, der, -e	salad	Ich nehme einen Salat.
Orange, die, -n	orange	Im Winter esse ich oft Orangen.
Zwiẹbel, die, -n	onion	Ich mag keine Zwiebeln.

Kartoffel, die, -n	potato	Es gibt Steak und Kartoffeln.
frisch	fresh	Die Erdbeeren sind ganz frisch.
Fisch, der, -e	fish	Viele essen am Freitag Fisch.
Ei, das, -er	egg	Wir brauchen noch Eier.
1 2 **Fleisch,** das, *	meat	Wir essen gern Fleisch.
günstig	reasonable, inexpensive	Die Kartoffeln sind heute günstig.
Hähnchen, das, -	chicken	Bitte bringen Sie noch zwei Hähnchen mit.
Ketchup, der, *	ketchup	Die Kinder essen Pommes mit Ketchup.
Flasche, die, -n	bottle	Er hat zwölf Flaschen Orangensaft gekauft.
Schokolade, die, -n	chocolate	Ich möchte eine Tafel Schokolade.
Tafel, die, -n	bar (of chocolate)	Ich möchte eine Tafel Schokolade.
Weißbrot, das, -e	white bread	Die Franzosen essen viel Weißbrot.
Brot, das, -e	bread	Ich esse sehr viel Brot.
Packung, die, -en	package, pack	Ich hätte gern eine Packung Reis.

Butter, die, *	butter	Ein Brot mit Butter ist ein Butterbrot.
Stück, das, -e	piece	Kann ich bitte noch ein Stück Kuchen haben?
Chips, die, *Pl.*	chips	Hmm – und jetzt ein Beutel Chips?
Beutel, der, -	bag	Chips – 175-g-Beutel nur 1,79 Euro
Reis, der, *	rice	Heute gibt es Reis mit Hähnchen.
Leberwurst, die, "-e	liverwurst, liver sausage	
Wurst, die, "-e	sausage	Deutsche essen gern Brot mit Wurst oder Käse.
Ring, der, -e	ring	Die Wurst im Ring nur 3,99 Euro.
Spaghetti, die, *Pl.*	spaghetti	Ich nehme Spaghetti. Und du?
*Vollmilch, die, *	whole milk	Die Kinder trinken Vollmilch.
Milch, die, *	milk	Mögen Sie Kaffee mit Milch?
Fett, das, -e	fat	Vollmilch hat 3,5 % Fett.
*Sauerkraut, das, *	sauerkraut	Was passt gut zu Sauerkraut?
Dose, die, -n	jar, can	Ich brauche noch eine Dose Sauerkraut.

kau̱fen	(to) buy	Ich kaufe oft Fleisch. Die Kinder essen es gern.

2 Einkaufen

2**1** **Brötchen,** das, -	bun, roll	Morgens esse ich Brötchen und trinke Kaffee.
2**2** *Wo̱chenendeinkauf, der, "-e*	weekend shopping	
Ei̱nkauf, der, "-e	shopping	Hast du den Einkauf schon erledigt?
Ei̱nkaufszettel, der, -	shopping list	Schreiben Sie einen Einkaufszettel.
Gra̱mm, das, *	gram	1000 g sind 1 kg.
Pfu̱nd, das, * (= 500 g)	pound, half kilo	Ich möchte bitte ein Pfund Schweine-fleisch.
Li̱ter, der, -	litre	Wir brauchen noch einen Liter Milch.
Ei̱nkaufswagen, der, -	shopping cart	Der Einkaufswagen ist voll.
Wa̱gen, der, -	cart	
2**3** **Was darf es se̱in?**	*here:* What will it be?	+ Was darf es sein? – 200 g Käse, bitte.
dü̱rfen, gedu̱rft	may	+ Was darf es sein? – 200 g Käse, bitte.

2 4	**schwach,** schwächer, am schwächsten	weak, weaker, weakest	Kannst du die Einkäufe tragen? Ich bin zu schwach.
2 6 a	**Obst,** das, *	fruit	Obst: Äpfel, Bananen, Kirschen ...
	Mengenangabe, die, -n	amount	Wir vergleichen die Mengenangaben und die Preisangaben.
2 6 b	**Gemüse,** das, -	vegetable	Gemüse: Sauerkraut, Spinat, Paprika ...
2 7	**Was macht das?**	What does that come to?	+ Was macht das? – Das macht 11 Euro 50.
	Danke, das ist alles.	Thank you, that's all.	+ Noch etwas? – Danke, das ist alles.

3 „Spinat? – Igitt!" – über Essen sprechen

	Spinat, der, *	spinach	Viele Jugendliche essen Spinat nicht gern.
	Igitt!	Yuck!	Spinat? Igitt!
3 1	**Jugendliche,** der/die, -n	youth	Jugendliche in Ost und West gehen gern in die Disco.
	Artikel (Zeitungs-), der, -	article	Hast du den Artikel in der Baseler Zeitung gelesen?
	Schülerzeitung, die, -en	student newspaper	
	Lieblingsessen, das, -	favourite food	Das Lieblingsessen von Franziska ist Steak.

3 1 a *Currywurst, die,* "-e   sausage with curry   Jugendliche in Deutschland essen gern Currywurst.

in sein   (to) be in (fashion)   Es ist eben in.

Pizza, die, Pl.: Pizzen   pizza   Ich esse abends gern Pizza vom Italiener.

Döner (Kebab), der, -   donair   Sie mag Döner lieber als Currywurst.

Fastfood, das, *   fast-food

Grund, der, "-e   reason   + Warum? – Es gibt keinen speziellen Grund.

Alter, das, -   age   Schüler im Alter von 13 bis 16 Jahren essen viel Fastfood.

befragen   (to) survey   Wir haben Jugendliche befragt.

Ergebnis, das, -se   result   Was kommt bei dieser Aufgabe als Ergebnis heraus?

Hamburger, der, -   hamburger   Ich esse gern Hamburger mit Pommes.

Pommes (frites), Pl.   french-fries   Ich hätte gern ein Rindersteak mit Pommes frites.

erklären (etwas zu + *Dat.*)   (to) declare (something as)   Er erklärt Döner zu seinem Lieblingsessen.

landen   (to) land, *here:* (to) end up   Pizza landet auf Platz 1.

folgen   (to) follow   Danach folgt der Döner.

gern, lieber, am liebsten	(to) like, prefer, like most	Hanna isst gern Spaghetti.
sogar	even	Sie mag sogar Spinat.
schmecken	(to) taste	Fastfood schmeckt gut, oder?
3 1 b *Hitliste, die, -n*	hit list	
3 2 *Zusammenfassung, die, -en*	summary	Das ist eine kurze und gute Zusammenfassung.
so ... wie	as (much) as	Ich mag Pommes so gern wie Pizza.
3 3 **lieber als**	prefer (to eat) ... more than ...	Hamburger esse ich lieber als Döner.
Tomatensoße, die, -n	tomato sauce	Kinder essen gern Spaghetti mit Tomatensoße.
Soße, die, -n	sauce	Fleisch ohne Soße schmeckt nicht.
3 4 *Haushaltstipp, der, -s*	household tip	
Luft, die, *	air	Im Ei ist Luft.
Glas, das, "-er	glass	Ein Glas Bier, bitte.
3 5 **Bioei,** das, -er	organic egg	Wir kaufen nur Bioeier.
3 6 b **diskutieren**	(to) discuss	Wir diskutieren mit der Lehrerin über den Kurs.

Schokoladentorte, die, -n	fancy chocolate cake	

4 Was ich gern mag

4 1 *Menü, das, -s* — menu, set meal

Nudel, die, -n — noodle, pasta — Ich hätte gern zwei Packungen Nudeln.

Schinken, der, - — ham — Herr Müller isst Eier mit Schinken.

Wein, der, -e — wine — Trinkst du lieber Wein als Bier?

Bier, das, -e — beer — Ich trinke gern mal ein Glas Bier.

4 3 *Smalltalk, der, -s* — small talk

Bratwurst, die, "-e — bratwurst (sausage) — Bratwurst ist in Thüringen eine Spezialität.

Tomatensaft, der, "-e — tomato juice — Im Flugzeug trinken viele Tomatensaft.

Schweinefleisch, das, * — pork — + Magst du Schweinefleisch?
– Nein, das esse ich nicht.

Ananas, die, -se — pineapple

Zucker, der, * — sugar — Bitte einen Kaffee mit Milch und Zucker.

drin (sein) — *here:* in it — Der Kuchen ist gut. Sind da Rosinen drin?

Apfelkuchen, der, -	apple cake	
Kuchen, der, -	cake	Wir essen Kuchen und trinken Kaffee.
lecker	tasty	Die Linzer Torte war lecker.
Rosine, die, -n	raisin	Der Kuchen ist gut. Sind da Rosinen drin?
vegetarisch	vegetarian	+ Mögen Sie Steak? – Ich esse nur vegetarisch, kein Fleisch.

5 Ein Rezept

5❶

Nudelauflauf, der, "-e	noodle casserole	
Zutat, die, -en	ingredient	Hast du alle Zutaten für den Nudel-auflauf?
Becher, der, -	cup, glass	Möchtest du einen Becher Kaffee?
süß	sweet	Der Kaffee ist zu süß.
Sahne, die, *	cream	Ich möchte einen Apfelkuchen mit viel Sahne.
Pfeffer, der, *	pepper	Pommes mit Pfeffer und Salz.
Salz, das, *	salt	Pommes mit Pfeffer und Salz.

Zubereitung, die, *	preparation	
Streifen, der, -	strip	Schneiden Sie den Schinken in Streifen.
Würfel, der, -	cube, *here:* dice	Spielen Sie zu viert mit einem Würfel.
Pfanne, die, -n	pan	Die Pfanne ist zu klein.
anbraten, angebraten	(to) fry, sauté, brown	Das Fleisch kurz in der Pfanne anbraten.
Form, die, -en (hier: Auflaufform)	form (*here:* casserole dish)	Geben Sie alles in die Form.
dazu (geben)	([to] add) to it	Geben Sie etwas Pfeffer dazu.
bestreuen (mit + *Dat.*)	(to) sprinkle (with)	Bestreuen Sie den Auflauf mit Käse.
Rest, der, -e	leftover	Es ist noch ein Rest Auflauf da.
verrühren	mix, stir	Alles gut verrühren!
Backofen, der, "-en	oven	Ich kann keinen Kuchen mitbringen. Ich habe keinen Backofen.
Grad (Celsius), der, -e (*aber:* 30° C)	degree(s) (Celsius)	30 Grad – das ist sehr heiß.
backen, gebacken	(to) bake	Am Sonntag habe ich einen Apfelkuchen gebacken.

Guten Appetit!	Bon appetit!, Enjoy your meal!	
Essenszeit, die, -en	mealtime	
Hauptmahlzeit, die, -en	main mealtime	Das Mittagessen ist eine Hauptmahlzeit.
Marmelade, die, -n	marmalade, jam	Ich esse gern Brötchen mit Marmelade.

Übungen

Ü**1**	**Produkt,** das, -e	product	Sahne und Käse sind Milchprodukte.
Ü**5**	**Dessert,** das, -s	dessert	Es gibt Apfelkuchen zum Dessert.
Ü**7**	**Bestellung,** die, -en	order	Der Kellner nimmt die Bestellung auf.
	Vegetarier/in, der/die, -/-nen	vegetarian	+ Essen Sie Fleisch? – Nein, ich bin Vegetarier.

11 Kleidung und Wetter

Kleidung, die, -en	clothing	über Kleidung sprechen

| **Größe,** die, -n | size | Welche Größe haben Sie bei Hemden? |

1 Aus der Modezeitung

1❶	**Mode,** die, -n	fashion(s)	In dem Geschäft gibt es Mode für Männer und Frauen.
1❶ a	**aussehen,** <u>aus</u>gesehen	(to) look (good/bad *etc.*)	Du siehst gut aus. Warst du im Urlaub?
	st<u>e</u>hen (etw. jdm), gest<u>a</u>nden	(to) suit	Das Top steht dir prima.
	fr<u>eu</u>en (sich über etw.)	(to) be delighted (by/about)	Ich freue mich über Komplimente.
	Kompliment, das, -e	compliment	Ich freue mich über Komplimente.
	<u>a</u>nziehen (sich), <u>a</u>ngezogen	(to) get dressed, *here:* (to) be (well) dressed	Er ist immer sehr gut angezogen.
	m<u>o</u>disch	fashionable	Die Studenten sind modisch angezogen.
	k<u>o</u>mbinierbar	combinable, mix and matchable	Kleidung muss gut kombinierbar sein.
	pr<u>ei</u>swert	reasonable, not expensive	preiswert = nicht teuer
	H<u>o</u>se, die, -n	pants, trousers, slacks	Beliebt sind Hosen bei Männern und Frauen.
	Jeans, die, -	jeans	Jugendliche ziehen gern Jeans an.
	bl<u>au</u>	blue	Jeans haben oft die Farbe Blau.

Rollkragenpullover, der, -	turtle-neck pullover/sweater/ jumper	Im Winter zieht er gern Rollkragen- pullover an.
Pullover, der, -	pullover, sweater, jumper	Dieser Pullover ist zu teuer für mich.
braun	brown	Er trägt eine braune Jacke.
Jacke, die, -n	jacket	Er trägt eine braune Jacke.
weiß	white	Sie trägt ein weißes Top.
T-Shirt, das, -s	t-shirt	Im Sommer trägt sie T-Shirts und leichte Röcke. Ideale Sommerkleidung.
leicht (2)	light	Im Sommer trägt sie T-Shirts und leichte Röcke. Ideale Sommerkleidung.
Rock, der, "-e	skirt	Der Rock passt nicht zur Bluse.
Top, das, -s	top	Das Top ist preiswert.
rot	red	Er hat zwei rote Krawatten.
ideal	ideal	Die Jacke ist ideal zum Wandern.
Stiefel, der, -	boot(s)	Im Winter trägt er Stiefel.
Bluse, die, -n	blouse	Welches Kleid passt zu dieser Bluse?
elegant	elegant	Elegante Mode muss nicht teuer sein.

schwạrz	black	Er trägt oft schwarze Anzüge.
Ạnzug, der, "-e	suit	Er trägt oft schwarze Anzüge.
Hẹmd, das, -en	shirt	Hugo hat 27 Hemden.
Krawạtte, die, -n	tie	Bodo hat fünf blaue Krawatten.
Mạntel, der, "	coat	Der Mantel ist sehr warm.
natụ̈rlich	of course	+ Trägst du gern Jeans? – Natürlich!
1**2** **ạnhaben**	(to) have on, (to) be wearing	Du hast ein schönes Kleid an.

2 Kleidung und Farben

2**1** *Kleịdungsstück, das, -e*	piece of clothing	Wie viele Kleidungsstücke hast du?
gẹlb	yellow	Farben: gelb, grün, orange, türkis, violett, grau, rosa, ...
grụ̈n	green	
orange	orange	
tụ̈rkis	turquoise	
violẹtt	violet, purple	

grau	grey	
rosa	pink	Farben: gelb, grün, orange, türkis, violett, grau, rosa, ...
bunt	colourful, multi-coloured	Sie trägt gern bunte Röcke.
hellgrün	light-green	
dunkelblau	dark-blue	
2 3 **Kleid,** das, -er	dress	Pia hat 99 Euro für das Kleid ausgegeben.
2 5 **gar nicht**	not at all	+ Wie gefällt Ihnen der Anzug? – Gar nicht.
überhaupt nicht	not ... at all	Das Hemd ist überhaupt nicht schön.
schick	chic	+ Wie finden Sie den Mantel? – Den finde ich schick.
altmodisch	old-fashioned	altmodisch = nicht modern

3 Adjektive vor Nomen: Akkusativ

3 1 *kombinieren*	(to) combine, (to) mix and match	Kann man den blauen Rock mit der Bluse kombinieren?
3 2 *Weltmeister, der, -*	world champion	Deutschland war 1954, 1974 und 1990 Fußball-Weltmeister.
Trainingsanzug, der, "-e	training suit, jogging suit	

Nationalmannschaft, die, -en	national team	Die Nationalmannschaft hat das Spiel verloren.
Mannschaft, die, -en	team	Manchester United ist eine tolle Mannschaft!
3 **3** **Spieler,** der, -	player	Die Spieler tragen weiße T-Shirts und schwarze Hosen.

4 Einkaufsbummel

Einkaufsbummel, der, -	shopping spree	Ich habe Geld bekommen. Ich mache jetzt einen Einkaufsbummel.
4 **1** b **verteilen**	(to) distribute	Der Lehrer verteilt die Blätter mit den Aufgaben.
Rolle, die, -n	role	Lesen Sie die Dialoge mit verteilten Rollen.
anprobieren	(to) try on	Möchten Sie die Hose anprobieren?
Herrenabteilung, die, -en	men's department, men's wear	+ Wo ist hier die Herrenabteilung? – In der 2. Etage.
Ärmel, der, -	sleeve	+ Wie sind die Ärmel? – Sie sind zu lang.
Marke, die, -n	brand(name)	Anzüge? Suchen Sie eine bestimmte Marke?
egal (sein)	(to) not matter	+ Anzüge? Suchen Sie eine bestimmte Marke? – Nein, das ist egal.
reduzieren	(to) reduce	Der Anzug hier ist reduziert. Er kostet nur noch 110 Euro.

Einheit 11

eigentlich	actually	+ Möchten Sie die Hose in Schwarz?	
		– Nein, eigentlich in Grau.	
sicher	surely, certainly	+ Die Stiefel hier sind sicher sehr teuer.	
		– Nein, überhaupt nicht.	
4**3** **bequem**	comfortable	+ Wie finden Sie die Schuhe?	
		– Sie sind sehr bequem.	
leider	unfortunately	+ Haben Sie das in Größe 38?	
		– Nein, leider nicht.	
4**6** *Onlinekatalog, der, -e*	online catalogue		
Katalog, der, -e	catalogue	In dem Katalog gibt es schöne Kleider.	

5 Es gibt kein schlechtes Wetter …

5**1** **darum**	for that reason, because of that	Das Wetter ist nicht immer gleich. Darum ist es ein beliebtes Gesprächsthema.
Gesprächsthema, das, Pl.: Gesprächsthemen	topic of conversation	Das Wetter ist ein beliebtes Gesprächsthema.
Aktivität, die, -en	activity	Viele Freizeitaktivitäten hängen vom Wetter ab.
abhängen von *(+ Dat.),* **abgehangen**	(to) depend on	Viele Freizeitaktivitäten hängen vom Wetter ab.
schneien	(to) snow	Im Winter schneit es oft nicht nur in den Bergen.
Schnee, der, *	snow	Kinder lieben Schnee.

Wintersportler, der, -	winter athlete/sportsperson	Im Allgäu gibt es im Winter viele Winter-sportler.
Sportler, der, -	athlete/sportsperson	
Grillparty, die, -s	barbecue	Im Sommer machen wir eine Grillparty im Garten.
sonnig	sunny	+ Ist es sonnig oder bewölkt? – Bewölkt.
bewölkt	cloudy	+ Ist es sonnig oder bewölkt? – Bewölkt.
hoffentlich	hopefully	Hoffentlich regnet es heute nicht.
Straßencafé, das, -s	sidewalk café	Wir haben in einem Straßencafé gesessen und Kaffee getrunken.
windig	windy	An der Nordsee ist es oft sehr windig.
5 2 **Wolke,** die, -n	cloud	Heute gibt es viele Wolken und wenig Sonne.
Wind, der, *	wind	Der Wind ist heute sehr kalt.
Hitze, die, *	heat	Hitze ≠ Kälte
Kälte, die, *	cold	Hitze ≠ Kälte
5 3 **heiter**	(mainly) clear	heiter ≠ bewölkt
5 4 **deutlich**	clear(ly)	Sprechen Sie deutlich!

Einheit 11

5 **Vater,** der, "- — father — Mein Vater kommt aus Berlin.

Malbuch, das, "-er — colouring book

Rose, die, -n — rose — Sie hat 20 rote Rosen zum Geburtstag bekommen.

Pferd, das, -e — horse — Er arbeitet wie ein Pferd.

Schäfer, der, - — shepherd

Herde, die, -n — herd, flock

Laub, das, * — foliage, leaves — Es ist Herbst. Laub liegt auf der Straße.

Staub, der, * — dust — Auf den Möbeln liegt Staub.

Frucht, die, "-e — fruit, berries — Hanna isst gern Joghurt mit Früchten.

vertilgen — (to) eliminate, (to) eradicate

küssen — (to) kiss — Romeo hat Julia geküsst.

Himmel, der, * — sky — Der Himmel ist heute blau.

Liebe, die, -n — love — Rot, das ist die Liebe.

niemals — never — Sag niemals nie.

vergehen, *vergangen*	(to) go by, (to) pass by, *here:* gone	Unsere Liebe ist leider vergangen.
zurückdenken an (+ *Akk.*), *zurückgedacht*	(to) think back on	Ich denke oft an uns zurück.
5⑥ **Bedeutung,** die, -en	meaning	Hat das Wort noch eine andere Bedeutung?
Assoziation, die, -en	association	Farben und Bedeutung: Welche Assoziationen haben Sie?

Übungen

Ü① **Jackett,** das, -s	jacket	Passt dieses blaue Jackett zu der grauen Hose?
Ü③ *mischen*	(to) mix	Mischen Sie die Farben gelb und blau.
Ü⑥ *Model, das, -s*	model	Heidi Klum ist ein Model.
*Cashmere, der, **	cashmere	Cashmere-Pullover sind sehr teuer.
Ü⑦ **vielleicht**	maybe	Vielleicht fahre ich nächstes Wochenende nach Köln.
Umkleidekabine, die, -n	changing room/cubicle	Die Umkleidekabine ist hier rechts.
Ü⑨ **Kaufhaus,** das, "-er	department store	Das Kaufhaus hat die Preise reduziert.

Einheit 11

Ü 10	**Mütze,** die, -n	cap	Er trägt im Winter eine blaue Mütze und einen roten Schal.
	Schal, der, -s	scarf	Er trägt im Winter eine blaue Mütze und einen roten Schal.
	Handschuh, der, -e	glove, mitten	Im Winter braucht man Handschuhe.
Ü 12	*Gras, das, "-er*	grass	Alfred liegt im Gras und liest ein Buch.
	ausfallen, ausgefallen	(to) be cancelled, (to) not take place	Der Kurs fällt morgen aus.
	Meter, der, -	metre	Ich bin 1 Meter und 87 Zentimeter groß.
	traurig	sad	Der Urlaub ist vorbei und Uli ist ganz traurig.

12 Körper und Gesundheit

Körper, der, -	body	Ich muss meinen Körper mehr trainieren.
Gesundheit, die, *	health	Seine Gesundheit ist nicht gut.
Körperteil, der, -e	part of the body	Körperteile: Arme, Beine, Bauch, ...

wehtun, wehgetan	(to) be sore, (to) ache, (to) have a pain in	Mein Körper tut weh.
Empfehlung, die, -en	recommendation	eine Empfehlung geben
Anweisung, die, -en	instruction	Anweisung: Sie müssen den Test machen.

1 Der Körper

1 1 a *Skifahren, das, ** · skiing · Skifahren ist in den Alpen sehr beliebt.

gesund, gesünder, am gesündesten	healthy, healthier, healthiest	Ich bin gesund. Ich muss nicht zum Arzt gehen.
nach Hause	(to go) home	Nach dem Kurs muss ich nach Hause fahren.
Skifahrer/in, der/die, -/-nen	skier	Skifahrer haben oft einen Unfall.
Gipsbein, das, -e	cast on one's leg	Monika hatte einen Unfall, jetzt hat sie für drei Monate ein Gipsbein.
Bodybuilding, das, *	bodybuilding	Beim Bodybuilding trainiert man die Muskeln.
Muskel, der, -n	muscle	Beim Bodybuilding trainiert man die Muskeln.
Arm, der, -e	arm	Mein Arm ist gebrochen.
Bein, das, -e	leg	Mein Bein ist gebrochen, mein Arm nicht.

B<u>au</u>ch, der, "-e	belly	Du hast einen Bauch. Du musst weniger Bier trinken.
Bodybuilder/in, der/die, -/-nen	bodybuilder	Bodybuilder müssen sehr viel trainieren.
t<u>ä</u>glich	daily, everyday	täglich = jeden Tag
K<u>i</u>lokalorie, die, -n	kilo-calorie	Eine Tafel Schokolade hat 500 bis 600 Kilokalorien.
F<u>e</u>lsen, der, -	rock, cliff, boulder	Er fährt oft in die Berge und klettert Felsen hoch.
St<u>ei</u>lwandkletterer, der, -	cliff climber	Er ist Steilwandkletterer. Er fährt oft in die Berge und klettert Felsen hoch.
st<u>a</u>rk, stärker, am stärksten	strong, stronger strongest	stark ≠ schwach; Steilwandkletterer brauchen starke Finger und Arme.
F<u>i</u>nger, der, -	finger	Steilwandkletterer brauchen starke Finger und Arme.
kl<u>e</u>ttern	(to) climb	+ Was habt ihr im Urlaub gemacht? − Wir waren in den Bergen klettern.
h<u>o</u>ch, höher, am höchsten	high, higher, highest	Sie ist den Felsen hoch geklettert.
Tai Chi, das, *	tai chi	Der Sport Tai Chi kommt aus China.
Entsp<u>a</u>nnung, die, *	relaxation	Tai Chi ist für viele Menschen Entspannung.
K<u>o</u>pf, der, "-e	head	Ich habe heute viele Vokabeln gelernt. Jetzt tut mein Kopf weh.
Konzentrat<u>io</u>n, die, *	concentration	Konzentration ist wichtig beim Lernen.

Senior/Seniorin, der/die, Senioren/-nen	senior	Senioren = ältere Menschen
1**2** **Knie,** das, -	knee	Heute kann ich nicht joggen. Meine Knie tun weh.
1**3** <u>Auge,</u> das, -n	eye	Schließen Sie die Augen.
1**4** <u>Nase,</u> die, -n	nose	Körperteile: Nase, Mund, Beine, Arme, ...
Mund, der, "-er	mouth	Körperteile: Nase, Mund, Beine, Arme, ...
Hals, der, "-e	neck, throat	Körperteile: Hals, Mund, Beine, Arme, ...
<u>Ohr,</u> das, -en	ear	Macht die Ohren auf und hört zu.

2 Bei der Hausärztin

Hausarzt/-ärztin, der/die, -e/-nen	family doctor	Frau Noth hat Fieber. Sie hat einen Termin bei ihrer Hausärztin.
2**1** **Fieber,** das, *	fever	Frau Noth hat 38 Grad Fieber.
Halsschmerzen, *Pl.*	sore throat	Sie ist krank. Sie hat Fieber und Halsschmerzen.
Schmerz, der, -en	pain	Ich bin vom Fahrrad gefallen. Die Schmerzen sind sehr groß.
Anmeldung, die, -en	reception, registration	Die Anmeldung ist im Sekretariat.

Einheit 12

137

2 2 a Quartal, das, e — quarter (year) — Das Jahr hat vier Quartale. Jedes Quartal hat drei Monate.

Krankenversicherungskarte, die, -n — health insurance card — Beim Arzt muss man seine Krankenversicherungskarte zeigen.

Wartezimmer, das, - — waiting room — Herr Aigner ist beim Arzt und wartet im Wartezimmer.

Platz nehmen, Platz genommen — (to) take a seat — Er hat im Wartezimmer Platz genommen.

2 2 b Krankenversicherung, die, -en — health insurance — Seit über 100 Jahren gibt es die Krankenversicherung.

Arbeitnehmer/in, der/die, -/-nen — employee — Arbeitnehmer müssen sich gegen Krankheit versichern.

Krankheit, die, -en — sickness, disease, illness — Arbeitnehmer müssen sich gegen Krankheit versichern.

versichern — (to) insure — Arbeitnehmer müssen sich gegen Krankheit versichern.

Versicherte, der/die, -n — insured person — Alle Versicherten bekommen eine Versicherungskarte.

speichern — (to) save, (to) store — Die Informationen sind gespeichert.

Arztkosten, Pl. — costs for doctor's services — Die Arztkosten sind hoch.

Kosten, *Pl.* — costs, expenditures — Die Kosten für Medikamente sind hoch.

Medikament, das, -e	medicine, medication	Die Kosten für Medikamente sind hoch.
Apotheke, die, -n	pharmacy, chemist's	Entschuldigung, wo ist hier eine Apotheke?
Tablette, die, -n	tablet, pill	Tabletten kann man in einer Apotheke kaufen.
Kopfschmerzen, *Pl.*	headache	+ Ich habe Kopfschmerzen. − Nimm doch eine Tablette.
Hustensaft, der, *"-e*	cough syrup	+ Ich habe Husten. − Nimm Hustensaft.
2 3 **rauchen**	(to) smoke	Ich rauche täglich zwölf Zigaretten.
Doktor/Doktorin, der/die, *Doktoren/-nen*	doctor	Guten Tag, Frau Dr. (= Doktor) Hahn.
schlimm	bad, terrible	Sie sind krank, aber es ist nicht so schlimm.
Was fehlt Ihnen?	What's the matter?	+ Was fehlt Ihnen? − Ich habe Fieber und Kopfschmerzen.
husten	(to) cough	+ Was fehlt Ihnen? − Ich habe Fieber und ich muss viel husten.
Erkältung, die, -en	cold	+ Bist du krank? − Ja, ich habe eine Erkältung.
Alkohol, der, -e	alcohol	Sie haben eine Erkältung. Sie dürfen keinen Alkohol trinken und nicht rauchen.
krankschreiben (jdn), Sie krankgeschrieben	(to) give sb. a medical certificate *(excusing one from work)*	Sie haben eine Erkältung. Ich schreibe für eine Woche krank.

Gute Besserung!	Get well soon!	+ Auf Wiedersehen, Frau Doktor.
		– Auf Wiedersehen und gute Besserung.
2 4 *Rollenkarte, die, -n*	card with a role for a role-play	Wählen Sie eine Rollenkarte aus.
fühlen (sich)	(to) feel	Frau Meister fühlt sich nicht gut.
ausruhen (sich)	(to) rest	Sie sind krank. Sie müssen sich ausruhen.
Schnupfen, der, *	sniffles	+ Sind Sie krank?
		– Nein, ich habe nur einen Schnupfen.
Husten, der, *	cough	Ihr Husten ist ja schlimm. Nehmen Sie Hustensaft.
verschreiben, verschrieben	(to) prescribe	Die Ärztin verschreibt eine Salbe.
Salbe, die, -n	salve, ointment	Die Ärztin verschreibt eine Salbe.
dreimal	three times	Nehmen Sie die Tabletten dreimal täglich vor dem Essen.
einreiben, eingerieben	(to) rub in	Reiben Sie die Salbe gut ein.
Magen, der, "-	stomach	Ich fühle mich nicht gut. Ich habe Magenschmerzen.
Krankschreibung, die, -en	medical certificate (excusing one from work)	Ich habe eine Erkältung, Frau Doktor. Ich brauche eine Krankschreibung für meinen Arbeitgeber.
Arbeitgeber, der, -	employer	Ich brauche eine Krankschreibung für meinen Arbeitgeber.

3 Empfehlungen und Anweisungen

3 1 a *Ernährung, die, **	eating, nourishment	Gesunde Ernährung ist wichtig. Essen Sie viel Obst.
übersetzen	(to) translate	Gedichte kann man schwer übersetzen.
Immunsystem, das, -e	immune system	Wichtig: Im Herbst das Immunsystem stärken!
stärken	(to) strengthen	Wichtig: Im Herbst das Immunsystem stärken!
zunehmen, zugenommen	(to) increase	Im Herbst nehmen Erkältungen zu.
dagegen	against that	+ Was kann man dagegen tun? – Sport und Bewegung sind gut.
Bewegung, die, -en	movement	+ Was kann man dagegen tun? – Sport und Bewegung sind gut.
spazieren gehen, gegangen	(to) go for a walk	Gehen wir am Strand spazieren?
joggen	(to) go jogging	Ich jogge jeden Morgen fünf Kilometer.
duschen	(to) have a shower	Nach dem Joggen dusche ich immer kalt.
abwechselnd	alternating	Nach dem Joggen dusche ich immer abwechselnd heiß und kalt.
Sauna, die, Pl.: Saunen	sauna	In der Sauna ist es 70–100°C heiß.
Stress, der, *	stress	Wir haben viel Arbeit und viel Stress.

Autogene Training, das, *	autogenous training	Machen Sie Autogenes Training oder Yoga.
Yoga, das, *	yoga	Machen Sie Autogenes Training oder Yoga.
Gymnastik, die, *	gymnastics	Gymnastik dreimal in der Woche ist gut für den Körper.
daran denken, gedacht	*here:* (to) remember	Denken Sie daran: Viel Obst und Gemüse essen!
Energie, die, -ien	energy	Tanken Sie Energie.
tanken, getankt	(to) tank (up)	Tanken Sie Energie.
Vitamin, das, -e	vitamin	Orangensaft hat viel Vitamin C.
fröhlich	happy	Bananen machen Sie fröhlich.
3 5 *Rauchstopp, der, -s*	quitting smoking	Es ist Zeit für einen Rauchstopp.
Kneipe, die, -n	pub, bar	Gehen wir in die Kneipe und trinken ein Bier?
Nichtraucher/in, der/die, -/-nen	non-smoker	Ich rauche nicht mehr. Ich bin jetzt Nichtraucher.
verändern	(to) change	Sie hat ihr Leben verändert.
typisch	typical	Das ist eine typische Situation.
Situation, die, -en	situation	Das ist ja eine unschöne Situation!

Zigarętte, die, -n	cigarette	Sie trinkt Kaffee und raucht Zigaretten.

4 Personalpronomen im Akkusativ

<u>aus</u> (sein)	(to be) over /finished	Es ist aus. Du musst gehen.
4 2 *dįchten*	(to) write poetry	Hat Goethe den ganzen Tag gedichtet?
Gedįcht, das, -e	poem	Die Gedichte von Goethe lese ich gern.
4 3 *Lįebesbrief,* der, -e	love letter	Er schreibt einen Liebesbrief.
Brįef, der, -e	letter	Ich schreibe einen Brief an Julia.
glụ̈cklich	happy	Pia liebt Ulf wieder, jetzt ist er glücklich.
Hęrz, das, -en	heart	Mein Herz klopft.
klọpfen	(to) beat	Mein Herz klopft ganz laut.
Trạummann/Trạumfrau, der/die, "-er/ -en	man/woman of one's dreams	Nathalie ist meine Traumfrau.
4 4 *Bạukasten,* der, "-en	building block	Die Baukästen helfen.
wụnderschọ̈n	very beautiful	Der Urlaub war wunderschön.

Luft sein (für jdn)	(to) be nothing / not important (to sb.)	Für mich bist du Luft.
in Ruhe lassen (jdn)	(to) leave (sb.) alone	Lass mich in Ruhe!
lachen	(to) laugh	Sie lachen oft und gern.
4 5 *Emotion, die, -en*	emotion	Liebe ist eine Emotion.
Thermometer, das, -	thermometer	Das Thermometer zeigt 14 Grad im Schatten.
4 5 a **lieb haben** (jdn)	(to) like/love (sb.)	Sie hat ihn lieb.
langweilen	(to) bore	Er langweilt sie.

Übungen

Ü 3 b **lange**	long	+ Muss ich lange warten? – Leider ja, wir haben heute viele Patienten.
Ü 5 a **parken**	(to) park	Hier ist parken verboten.
springen, gesprungen	(to) jump, (to) dive	Hier darf man ins Wasser springen.
Ü 6 **krank**	sick, ill	krank ≠ gesund
Ü 7 **vorlesen,** vorgelesen	(to) read (aloud / out loud)	Sie liest eine Geschichte vor.
Ü 8 *Typ, der, -en*	guy, fellow	Lothar? Das ist ein toller Typ.

da drüben	over there	+ Kennst du den Typ da drüben? – Den Blonden?
blond	blonde	Sie hat blonde Haare.

1 Berufsbilder

Reisebüro, das, -s	travel agency	+ Wo warst du? – Im Reisebüro. Wir haben unseren Urlaub geplant.
Spezialist/in, der/die, -en/-nen	specialist	Sie ist Spezialistin für Qualitätskontrolle.
Qualitätskontrolle, die, -n	quality control	Sie ist Spezialistin für Qualitätskontrolle.
Qualität, die, -en	quality	Sie ist Spezialistin für Qualitätskontrolle.
Kontrolle, die, -n	control	Sie ist Spezialistin für Qualitätskontrolle.
Trekking-Tour, die, -en	hiking/trekking tour	
1❸ *pflegen*	(to) nurse, (to) take care of	Die Krankenschwester pflegt die Patienten.

beobachten	(to) observe	Wir haben die Spieler beobachtet. Sie spielen gut.
waschen, gewaschen	(to) wash	Er wäscht sein Auto.
Untersuchung, die, -en	examination	Vor der Operation gibt es eine Untersuchung.
Operation, die, -en	operation	Vor der Operation gibt es eine Untersuchung.
medizinisch	medical	Der medizinische Apparat ist kaputt.
Apparat, der, -e	instrument, device	Der medizinische Apparat ist kaputt.
Instrument, das, -e	instrument	Er hat die Instrumente gewaschen.
ambulant	ambulant, on an outpatient basis	Wir behandeln viele Patienten ambulant.
Ausbildung, die, -en	education, training	Sie hat eine sehr gute Ausbildung.
Schichtbetrieb, der, -e	shift work	Arno arbeitet bei Bosch im Schichtbetrieb.
Schicht, die, -en	shift	+ Wann beginnt deine Schicht? − Um sechs Uhr.
Betrieb, der, -e	plant, factory, shop	Der Betrieb arbeitet im Schichtbetrieb.
1 4 *messen, gemessen*	(to) measure	Der Arzt misst das Fieber.
Flug, der, "-e	flight	Der Flug von München nach Moskau war billig.

inklusive	inclusive, including	Das Ticket hat inklusive Steuern nur 71 Euro gekostet.
Steuer, die, -n	tax(es)	Das Ticket hat inklusive Steuern nur 71 Euro gekostet.

2 Themen und Texte

2 1 a *Alltag, der, **	daily life	Der Alltag ist oft grau.
2 1 b *Überschrift, die, -en*	headline, title, caption	Lesen Sie die Überschrift.
Labor, das, -e	lab(oratory)	Er arbeitet in einem Labor in einem Krankenhaus.
Creme, die, -s	cream	Die Cremes von Nivea sind weltbekannt.
Öl, das, -e	oil	Autos brauchen Öl.
Schrift, die, -en	writing	Er ist Arzt. Seine Schrift kann ich nicht lesen.
Apotheker/in, der/die, -/-nen	pharmacist, chemist	Sie ist Apothekerin in einer Apotheke in Tübingen.
entwickeln	(to) develop	Sie haben eine neue Creme für die Haut entwickelt.
stabil	stable	Das Wetter in Bayern bleibt stabil.
Haut, die, *	skin	Ich brauche eine Creme für meine Haut.

erfinden, *erfunden*	(to) invent	Wann haben sie diese Maschine erfunden?
lateinisch	Latin	Viele Krankheiten haben lateinische Namen.
symbolisieren	(to) symbolize	+ Was symbolisiert die Farbe rot? − Die Liebe?
Frische, *die, **	freshness	Sauberkeit und Frische
Sauberkeit, *die, **	cleanliness	Sauberkeit und Frische
Body Lotion, *die, -s*	body lotion	Body Lotion ist gut für die Haut.
Kosmetik, *die, -a*	cosmetic(s)	Nicht nur Frauen kaufen viele Kosmetika.
2❷ **Idee,** *die, -n*	idea	Das ist eine gute Idee.

3 Grammatik und Phonetik intensiv

3❹ **lösen**	(to) solve	Wir haben das Problem gelöst.
Vogel, *der, "-*	bird	Vögel können fliegen.
drücken	(to) push	+ Die Tür geht nicht auf. − Du musst drücken.
drucken	(to) print	Der Drucker druckt sehr langsam.

3 5	**nebeneinander**	beside each other	Ute und Ilka sitzen nebeneinander im Kurs.
	kühl	cool	Im Herbst ist es abends oft schon sehr kühl.
	cool	cool	Das Hemd sieht cool aus.
3 7	**Reflexion,** *die, -en*	reflection	

4 Videostation 3

4 1	**herzlich**	heartily, cordially	Ich grüße dich herzlich.
4 2	**Gurke,** *die, -n*	cucumber	Salat mit Tomaten und Gurken esse ich gern.
4 3 a	**Gewicht,** *das, -e*	weight	Mein Gewicht? 60 Kilo.
4 4	**Besucherkarte,** *die, -n*	visitor pass	Besucher brauchen in der Firma eine Besucherkarte.
4 5	**Ruhe,** *die, **	calm, quiet, stillness	Er liebt die Ruhe in der Natur.
	Natur, *die, **	nature, natural surroundings	Er liebt die Ruhe in der Natur.
	Abenteuer, *das, -*	adventure	Er ist Bergführer in den Alpen und hat viele Abenteuer erlebt.
	Bergführer, *der, -*	mountain guide	Er ist Bergführer in den Alpen und hat viele Abenteuer erlebt.

4 6   *Brotzeit, die, -en (Mahlzeit)*   mealtime   Um 14 Uhr ist Brotzeit.

4 7   *Referat, das, -e*   seminar, paper   Der Student hält ein Referat über Tai Chi.

      halten (ein Referat), gehalten   (to) give/read/hold   Der Student hält ein Referat über
                                      (a seminar/paper)   Tai Chi.

      Hauptsache, die, *   main thing   Hauptsache gesund!

5   Endspurt: eine Rallye durch *studio d*

    Endspurt, der, -s   end spurt   Der Kurs ist fast vorbei: Endspurt.

    führen (durch + Akk.)   (to) guide, (to) lead   Das Spiel führt Sie durch den ersten
                                                        Band.

    Band, der, "-e   volume, book   Das war der erste Band von *studio d*.

    Kästchen, das, -   box

    Joker, der, -   joker

    Sekunde, die, -n   second   60 Sekunden = eine Minute

    Toilettenpapier, das, *   toilet paper   Wir brauchen Toilettenpapier.

    Saft, der, "-e   juice   Wir trinken gern Saft.

studio d A1
Deutsch als Fremdsprache
Vokabeltaschenbuch

Umschlaggestaltung: Klein & Halm, Berlin
Layout und technische Umsetzung: Satzinform, Berlin

www.cornelsen.de

1. Auflage, 7. Druck 2013

Alle Drucke dieser Auflage sind inhaltlich unverändert und können im Unterricht nebeneinander
verwendet werden.

© 2005 Cornelsen Verlag, Berlin
© 2013 Cornelsen Schulverlage GmbH, Berlin

Druck: H. Heenemann, Berlin

ISBN 978-3-464-20758-1

 Inhalt gedruckt auf säurefreiem Papier aus nachhaltiger Forstwirtschaft.